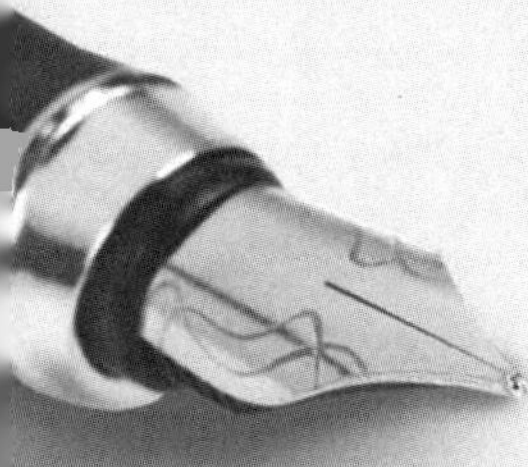

跨文化背景下
高校英语专业翻译教学研究

全　红◎著

中国原子能出版社
China Atomic Energy Press

图书在版编目（CIP）数据

跨文化背景下高校英语专业翻译教学研究 / 全红著
. -- 北京：中国原子能出版社，2022.12
ISBN 978-7-5221-2427-8

Ⅰ. ①跨… Ⅱ. ①全… Ⅲ. ①英语—翻译—教学研究
—高等学校 Ⅳ. ① H315.9

中国版本图书馆 CIP 数据核字 (2022) 第 228656 号

跨文化背景下高校英语专业翻译教学研究

出版发行 中国原子能出版社（北京市海淀区阜成路 43 号 100048）
责任编辑 潘玉玲
责任印制 赵 明
印　　刷 北京天恒嘉业印刷有限公司
经　　销 全国新华书店
开　　本 787mm × 1092mm 1/16
印　　张 8. 875
字　　数 201 千字
版　　次 2022 年 12 月第 1 版 2022 年 12 月第 1 次印刷
书　　号 ISBN 978-7-5221-2427-8 **定　　价** 76.00 元

前　言

进入 21 世纪以来，中国已全面进入经济全球化、知识信息化的时代，在以和平与发展为时代特征的“地球村”中扮演着越来越重要的角色，也面临着越来越多的机遇和挑战；随着我国与国外经济、文化等方面交流的增多，对外语人才的数量、质量、层次和种类提出了更高的要求。掌握一门外语以主动融入国际交流是目前乃至未来社会人才必备的重要素质之一，这已成为国人的共识。英语作为一门国际通用语言，已成为国际社会广泛使用的交流工具，越来越多的人将它作为第二语言或外语进行学习和使用。随着科学技术和全球化的进一步发展，英语的重要性无疑会更加凸显。

现代英语教学内容已被广泛拓展，已不是传统英语教学方式中的单纯英语课堂教学，还包括英语语用、英语翻译课堂互动、汉英互动等实践理解与运用。本书从多个层面对当代高校英语翻译教学进行了理论分析，并从跨文化角度进行了英语专业翻译教学实践方面的阐述，尝试从全新角度对高校英语翻译的有效教学展开研究。笔者希望通过本书的创新探索，为从事有关高校翻译教学研究的学者提供一些经验、借鉴和启发。

本书在撰写过程中参考及引用了部分文献资料，在此向有关作者表示感谢；同时，也感谢出版社编辑的辛苦付出。由于笔者水平有限，时间仓促，难免有疏漏之处，敬请各位同行、专家提出修改意见及建议。

目　录

第一章　文化与跨文化交际概述

第一节　文化的内涵与渊源

一、文化的定义

Culture（文化）一词来源于拉丁语 cultura，原义为耕作、培育、栽培，之后逐渐演变为人的素质和能力的培养与教化。近代，最先将 culture 一词翻译成“文化”的是日本人。因此，有人猜想汉语中的“文化”一词其实并非中国古籍中所说的与武功相对而言的含义。然而，这一说法目前尚未被证实。

《牛津简明词典》（Concise Oxford Dictionary）认为，文化是“艺术或其他人类共同的智慧结晶”。该定义是从智力产物的角度阐释文化内涵，即深度文化，如文学、艺术、政治等。

《美国传统词典》（The American Heritage Dictionary）指出，“人类文化是通过社会传导的行为方式、艺术、信仰、风俗以及人类工作和思想的所有其他产物的整体”。该定义拓宽了文化的包含范围，既包括深层次文化，又包括浅层次文化，如：风俗、传统、行为、习惯等。此外，英国人类学家爱德华·泰勒（Edward Tylor）在《原始文化》（Primitive Culture）中指出：“文化是一个复杂的综合体，包括知识、艺术、宗教、神话、法律、风俗，以及人类在社会活动里所得的一切的能力与习惯”。很多学者认为这一定义忽略了文化在物质方面的要素，也有一些学者认为泰勒的定义中虽然没有专门体现物质文化，但是实际上他在《原始文化》中大量使用了很多物质文化的例子来解释他的理论观点。

美国学者阿尔弗雷德·路易斯·克鲁伯（Alfred Louis Kroeber）与克莱德·克拉克洪（Clyde Kluckhohn）在两人合著的《文化：关于概念和定义的评述》中，总结出了 164 条文化的定义。他们在总结了这些定义的基础上，也提出了自己对文化的定义：

文化存在于各种内隐和外显的模式之中，借助于符号的运用得以学习与传播，并构成人类群体的特殊成就，这些成就包括他们制造物品的各种具体式样。文化的基本要素是传统思想观念和价值，其中尤以价值最为重要。该定义几乎涵盖了人类生活的各个方面。文化能够影响人们对待其他事物的态度和行为，以致克莱德·克拉克洪认为文化是人们行为的蓝图。

在中国，古老的甲骨文中就已经阐述了“文化”一词的含义。当时的“文”的原意是指花纹或纹理，如《礼记·乐记》中记载的“五色成文而不乱”，之后它的含义逐渐演变为包括语言文字在内的各种象征符号，并且逐步具象化，包含文物典籍、礼乐制度、文采装饰、人文修养等内容；“化”本义是指生成、造化，如《易·系辞下》记载的“男女构精，万物化生”，继而引申为变化、教化之义；“文”“化”两字最早同时出现于战国末期的《易·贲卦·象传》：“关乎天文，以察时变；观乎人文，以化成天下。”翻译成现代文就是：“治国者应该积极观察、洞悉并顺应大自然最根本的运行规律，来了解并正确运用时节运转中产生的必然变化的原理；研究人性变化发展的必然规律，施加意识教化的作用来统治管理天下。”我国的经典古辞典《辞源》中对“文化”的释义为“文治和教化”。例如，西汉经学家、目录学家、文学家刘向的《说苑·指武》中记载：“圣人之治天下，先文德而后武力。凡武之兴，为不服也，文化不改，然后加诛。”这句话的意思是：明君治理天下，都会优先重视思想精神层面的教育，后考虑武力干涉。不愿臣服的地方，才动用武力进行干预，思想教化没有改观的地方，要实行诛杀策略来彻底根除统治隐患。再如，晋代束广微的《补亡诗·由仪》中记载：“文化内辑，武功外悠。”唐朝李善注认为：“言以文化辑和于内，用武德加于外远也。”

《现代汉语词典》指出，“文化指人类社会在历史发展过程中所创造的物质财富和精神财富的总和”。

广义文化就是所谓的“大文化”，它更加注重区分人类活动与自然界的核心本质，包含着人类有意识地作用于自然界和人类社会的一切活动及产生的结果。也可以说，文化就是“人造自然”，是人类通过发挥自身主观能动性，把自己的智慧、创造性、感情等人类因素作用于自然界的活动，从而将自然转化为人类所能认知、理解和一定程度上进行掌控的可利用对象。人造自然的出现意味着人类已经进入尝试凌驾于自然之上，并超越自然、改造自然的历史阶段。因此，文化可以被看作人类的一种特有的生活方式和行为习惯。进而也可以说，人类社会的一切活动在本质上都是具有文化属性的。概括来说，文化就是人类在社会活动中认识自然、改造自然并利用自然，进而实现自身价值观念的过程中的一切物质和精神的积累。例如，文学、艺术、教育、科学、生活方式、饮食习惯、建筑工艺、卫生管理、娱乐方式、婚姻形式、亲属关系、家庭财产分配、劳动管理、生产、道德、风俗习惯、宗教、法律、政治、警察、军队、行为举止、交际礼仪、思维方式、审美情趣、价值观念等。而与此相对，狭义文化的范围明显缩小，它专指人类活动中在精神方面进行的创造过程和产生的相应成果。例如，道德、风俗和礼仪等内容。

二、文化的特征

概括来说，文化的特征主要有六个：民族性、符号性、兼容性、整合性、传承性和宗教性。

（一）民族性

就文化的产生和存在来说，文化原本就是民族的。因为人类的文化从总体上来看，就是由各民族文化共同来构成的，从不同民族的角度出发来理解文化，其自然就具有民族性。民族是一种社会共同体，所以越是古老的社会，其文化的民族性就越明显。斯大林认为，“一个民族，一定要有共同的地域、共同的经济、共同的语言及表现共同心理的共同文化”。这里的“共同地域、共同经济、共同语言、共同心理”均属于重要的文化元素。每一个民族都有能够体现本民族特色的文化。例如，新疆维吾尔族能歌善舞、蒙古族善骑马射箭等。中华民族是以汉民族为主体的多民族共同体，共同的文化是使 56 个民族统一为一个民族——中华民族的原因。

众所周知，民族区域生态环境的不同，造成了文化积累以及传播方式的不同，由此也在一定程度上影响了社会和经济生活的发展，从而形成了民族文化鲜明的“特异性”。这里以犹太民族和希腊民族为例，这两个民族对宗教的态度就存在较大差异。犹太民族认为，上帝支配着宇宙万物和人类社会，尽管人类的智慧是无穷无尽的，但也无法摆脱神的威力。在犹太人心中，上帝是终极的原因和万能的神。这种思想从开始就占据了犹太人的内心世界，进而演变成为一种根深蒂固的文化心理。与此相反，希腊民族在人与神的关系这一问题上追求着一种理想与现实的统一，即人与神的和谐统一，这与中国道家“天地与我并生，万物与我为一”的思想如出一辙。若将犹太民族的《圣经》与希腊民族的神话进行比较，将很容易发现，犹太民族唯上帝旨意是从，绝不会有丝毫的怀疑与违背；相反，希腊人具有现世的享乐精神，他们认为人的爱就是神的爱、人的精神就是神的精神。这就形成了犹太人孤独、执着而希腊人活泼、开放的个性特征。

（二）符号性

文化不是与生俱来的，而是在人们不断地习得与传授中积累下来的。以语言为例，语言是文化的构成要素之一，语言的符号性特征最为明显。语言中不同的语音、形态等语言要素体现了符号的任意性特征，如汉语中的“猫”，其英文是 cat，法语是 chat，德语是 katzen，俄语是 KOT。

人本身就是一种“符号的动物”，符号化的思维和符号化的行为是人类生活中最富有代表性的特征。人类创造了文化世界，更为自己创造了一个“符号的宇宙”。在文化创造中，人类不断地把对世界的认识、对事物和现象的意义及价值的理解转化为一定的具体可感的形式或行为方式，从而使这些特定的形式或行为方式产生一定的象征意义，构成文化符号，成为人们生活中必须遵循的习俗或原则。人们既创造了这些习俗和法则，同时又必须自觉受这些习俗和法则的制约。人类创造的文化符号可以大体分为两类：语言符号和非言语符号。

（1）语言符号包括口语和书面语。文化传承的口语相传是通过一代又一代人的亲身实践或口口相传，即年轻一代通过交际和学习来继承老一辈的文化传统来实现的。至于书面语言的文化传递，世界上几乎所有的国家或民族的文化传统都以书面语的形式记录在竹简、羊皮纸或纸张上，由于这些介质易于存放，可以长时间保存，因此，今天才得以借助浩如烟海的历史文献或书籍，来了解并学习本国以及其他国家丰富多彩的文化。

（2）非语言符号是指语言以外的各种信息传达形式，如面部表情、手势、身体动作等，它们都具有特定的文化内涵。而从广义上来说，如雕塑、绘画、照片等一些物化的文化载体，以及戏剧、电影等也都属于非语言符号，它们都以某种方式体现着某种文化内涵。例如，北京的故宫除了众多具有典型中国古代建筑风格和特色的古建筑，还存有我国历史上许多朝代的帝王所留下的大量文化古迹，以及包括珠宝、字画、服饰等在内的浩瀚的文物，它们既是中华民族的宝贵财富，又是代代相传的物化的中华文化。

（三）兼容性

任何文化都具有兼容性，这是文化得以生存和发展的内驱力。

按照文化兼容的程度，可以将文化分为开放式文化和封闭式文化。这里的“开放”与“封闭”是相对而言的，因为没有完全开放的文化，也没有完全封闭的文化。

人们经常这样形容这两种文化：完全开放的文化就像一滴只看到浩瀚大海的雨水，因为忽略了其自身的文化个性，消除了文化间的良性差异，就会逐渐消融在其他文化之中；完全封闭的文化则像一口井水，因为缺乏与其他优秀文化的交流而失去发展、更新的源泉，最终只会慢慢枯竭。这两种文化都存在着严重的弊端。例如，古代埃及推崇皇室内部近亲婚姻的所谓宗室血统纯正的文化，在现如今发达的生理学和遗传学的研究中，被证明是存在严重的遗传缺陷和弊端的。如此不仅达不到净化血统的目的，反而会使遗传下来的血统不能够正常存活，进而影响整个社会的发展。事实上，古埃及正是因此才最终走向没落。由此可见，文化因为兼容而发展，因为兼容而繁荣。

（四）整合性

吴为善和严慧仙认为，文化是一个群体行为规则的集合体，可以被理想化地推定可能出现在某一社会或群体的所有成员的行为之中。而由群体历史所衍生及选择的传统观念，特别是世界观、价值观等文化的核心成分，常被称作“民族性格”“文化实体”。可见，文化是一定区域内的、一定文化群体为满足生存需要而创造的一整套生活、行为、思想的模式，是一个由多方面要素综合而成的复杂整体。

所谓文化的整合性，是指一种文化得以自我完善和形成独特面貌的能力。它在保证文化随时间变迁的同时，也可以在一定程度上维持文化的稳定秩序。例如，在中国延续了2000多年的传统文化中，建立在血缘基础上的宗法意识形态，融自然哲学、政治哲学和伦理哲学为一体的“天人合一”世界观，以“经国济世”为目的的实用理性等精神元素，这些作为中国文化的“内核”，始终在中国文化传统的形成中发挥着“整合”作用。同时，其他组成要素互相融合、互相补充、互相渗透，共同发挥着塑造中国民族特征和民族精神的功能。经过这种整合而形成的中国文化，是一个完全不同于欧美文化的独特模式。

由于不同文化具有不同的文化“内核”，这也会导致在认知模式、价值观念、生活形态上的存在差异，这些差异在交际过程中也必然会形成文化的碰撞，而跨文化交际中的误会、冲突也正源于此。如果交际双方均不能理解对方的文化，那么将会产生与交际预期的巨大反差，从而得到令人不满意的结果。

（五）传承性

文化既是可以习得的，又是可以传承的。文化可以从一个承担者向另一个承担者转化，也可以由上一代传承到下一代并不断发展。布瑞斯林（Breslin）认为，如果某些价值观已存续多年并被认为是社会的核心理念，那么这些价值观必定会代代相传下去。

文化的传承性使文化变得可以积累。在没有文字的社会里，人们主要借助口头形式将自己的经验、知识、信仰、观念传承给下一代；有了文字之后，则主要通过文字形式相传下去。由于文化的传承，使任何一个社会的文化都包含了历史的积淀。

例如，各个国家都有自己的节日、喜庆日，中国在喜庆的日子里挂红灯笼就是中华民族数千年来传统文化延续的表现。再如，中国青年逐渐接受了西方新娘穿白色婚纱礼服的习俗，因为白色代表着美丽和圣洁。此外，中国历史上有科举取士的制度，如今人们保留了通过考试选拔人才的形式，但扬弃了旧八股文的考试内容，代之以现代科学知识来检测人们掌握知识的程度。

（六）宗教性

在人类的发展史上，宗教与政体长期共生共存，两者有时互相利用，有时则政教合一。例如，基督教有过长时间的教会统治，而伊斯兰教也曾经在相当大的地域中以教立国。宗教对政治具有不可忽视的影响，因而对文化产生重要影响。物质文化、制度文化、行为文化、心态文化等各种类型的文化都与宗教有着密不可分的联系。

例如，建筑、服饰、饮食等物质文化，由于受到不同宗教的影响而具有明显不同的文化风格；宗教对人们的思维、信仰、意识形态有极大的影响力，宗教文化统治了整个欧洲中世纪社会文化的各个方面；基督教、伊斯兰教都曾经长期渗透于社会规章制度、组织形式以及其他形式之中。

三、中西方文化的渊源

（一）中国文化的渊源

中国的传统文化根植于农村，发祥于黄河流域的农业文明。中华民族享受着大自然的恩赐，人们可以在其固定居住地附近从事相关的农耕活动，在历史的不断变迁中，最终形成了以农耕为特色的文化风俗体系。中国农耕文化集合了儒家文化和其他宗教文化，有其独特的文化内容，主要包括语言艺术、思想哲学、社会风俗、利益规范等。

在历史的作用下，中国人形成了“重人伦、轻器物”的观念和屈从于权贵的人治思想，以“道德为本位”的反功利主义的价值取向，“重综合、轻分析”的宏观处事原则，“重意会、轻言传”的谦虚和隐讳原则，“崇尚群体意识、强调同一性”的依附于集体合作的团队精神，遵循“追求人与自然的和谐统一”的原则，等等。

中国传统的三大教派包括儒教、佛教和道教，它们对中国文化的形成与发展产生了巨大影响，是中国文化的主要渊源。

总的来说，中国文化在发展中形成了独具特色的价值观，表现为以“仁爱、礼谦、顺从”为核心的道德价值体系，其特点可以总结如下。

（1）天人合一，顺天应物。中国文化认为人与自然是和谐存在的一个整体，且自然界中存在的很多不能解释的现象均是天意，人凡事都应顺从天意。

（2）贵和尚中。中国人倡导“君子和而不同”的理念，追求中庸之道的处世原则和方法。

（3）家族伦理本位。中国人的家族意识很强，维护整个家族的利益是每个家族个体应追求的目标，同时家族个体也应受制于家族制度和规约。

在中国，人们特别看重言论的力量，提倡在交际中运用含蓄、隐讳的表达方式，这也是中国人文文化的一大特色。此外，人们还特别注重权威人士的言论与看法，顺从旨意，经常引经据典，旁征博引。

（二）西方文化的渊源

西方文化属于科学文化，其特点是：重物质，轻人伦；价值取向以功利为本位；重分析，轻综合；重概念，忌笼统；强调人权，主张个人至上，重视特殊的辨识；强调人与自然的对立，人对自然的索取。

西方文化源于两希文化，即希伯来文化（Hebrew culture）与古希腊罗马文化（ancient Greek and Roman culture），同时，基督教文化（Christian culture）也对西方人的道德观念和价值取向产生了较大影响。

1. 希伯来文化

在公元前3000多年前，希伯来民族居住在阿拉伯半岛，人们以牧牛和羊为生。后来，希伯来人北迁，到达两河流域，并逐渐发展了苏美尔文化和古巴比伦文化。大概过了1000年以后，希伯来人逐渐离开了两河流域，向北或向西迁移和发展。“希伯来”的字面意思是“渡河而来的人”。希伯来人在长期的游牧生活中形成了较强的感知世界的能力。他们善于将事物与其功能联系在一起，因此希伯来文化可以用“实用、公正、道德”来概括。

2. 古希腊罗马文化

欧洲大陆的文化起源于古希腊罗马时期。古希腊位于欧洲大陆的东南部，古罗马位于南部，由于平原较少，多山少河，不适合农业的发展，这就使当地人不得不向外开拓经济，发展工商业和海上贸易。在古代，海上贸易面临的最大的一个问题就是安全，人们不得不冒很大的风险从事贸易活动，这种不利的地理因素造就了西方人勇于探险、喜爱尝试新鲜事物、善于创新的性格特点。可以说，古希腊人的这种以海商为主的生存方式，使他们形成了平等、民主和崇尚个人主义的思想意识。古希腊文学、哲学、艺术等都表现了古希腊人对宇宙、自然与人生的理解与思考。随着古希腊文明的逐渐衰落，古罗马文化在继承古希腊文明的基础上得到发展。

3. 基督教文化

基督教源于公元 1 世纪巴勒斯坦的耶路撒冷，兴盛于欧洲地区。

《圣经》是基督教的经典。《圣经》作为宗教圣典，是基督教教义的基础，也是基督教信仰的根本。它以小说、历史、诗歌、戏剧、书信等多种体裁，记载了犹太民族、古代地中海地区其他民族的历史、神话、传说、诗歌、民俗、伦理、法律等重要史料，记述了古代信仰，再现了远古生活风情，对西方的社会思想和文化产生了深刻的影响。

基督教作为西方的主要宗教之一，影响了整个欧洲近 2000 年。它对西方社会文化产生了巨大的、深远的影响，本身也已经成为西方文化的主要组成部分。可以说，基督教是西方文化的核心。

在长期的发展与变革中，西方文化形成了以“自由、科学、平等”为核心的功利性价值体系，这与我国的价值观极为不同。西方文化主要有以下两大特点。

（1）注重“个体”的概念，讲究“天人相分”，即人与自然是完全对立的，应该分开来看，人与自然之间应该是一种支配与被支配的关系。

（2）推崇抽象的思维方式。西方文化特别看重思维的逻辑性和事物内在的关联性，因此西方人善用抽象的概念来表达具体事物的含义。

第二节　英汉文化差异对比

一、英汉文化对比研究的具体阶段

英汉文化的交流开始于西汉开辟的丝绸之路，但是从真正意义上而言，我国对英汉文化进行对比研究是在鸦片战争打开中国国门之后，外国列强的入侵也激发了国人开始思考不同民族文化层次的相关内容。同时，政治、经济的变革也对文化研究的兴起起到了推动和促进作用。

根据中国翻译协会理事左飚的观点，英汉文化对比研究大致可以分为以下几个具体阶段，见表 1-1。

表 1–1　英汉文化对比研究的具体阶段

阶段	起止时间	阶段特征
第一阶段	1840—1919 年（鸦片战争到五四运动）	以“洋务派”与“维新派”的论争为主要特点
第二阶段	1919—1949 年（五四运动到新中国成立）	以“全盘西化”与“中国本位”、单元文化与多元文化的论争为主流
第三阶段	1949—1978 年（新中国成立到动荡时期结束）	英汉文化对比研究处于沉寂期
第四阶段	1978 年至今（从动荡时期至今）	英汉文化对比研究再度升温并逐步体系化

事实上，还可以对最近 30 多年来英汉文化对比研究的具体阶段做进一步的划分，具体见表 1-2。

表 1–2　近 30 多年来英汉文化对比研究的日历年代

年代序列	时期	特点
第一个日历年代	20 世纪 70 年代末	开始解冻
第二个日历年代	20 世纪 80 年代	文化名人引领潮流
第三个日历年代	20 世纪 90 年代	团体意识及学科意识增强
第四个日历年代	21 世纪初	百花初绽

二、英汉文化对比研究的范畴

事实上，英汉文化对比研究是在语言对比研究的基础上发展而来的，它和英汉语言对比研究在很多层面具有类似性，并逐步建立起一门新的独立学科——英汉对比文化学。就研究的范畴来看，英汉文化对比研究具体涉及以下几个方面，见表 1-3。

表 1–3　英汉文化对比研究的大体范畴

理论研究	应用研究
理论研究主要侧重于以下方面： ①有关文化的概念问题； ②有关文化的属性问题； ③有关文化的结构问题； ④有关语言与文化之间关系的问题等	应用研究主要侧重于以下方面： ①外语教学； ②对外汉语教学； ③英汉翻译服务； ④提升人们的文化交际能力（如口头、书面两方面）； ⑤提高人的文化素养等

三、英汉文化对比研究的方法

通常，在对英汉文化进行对比研究时，既可以采用历时研究法，又可以采用共时研究法，并且这两种研究方法都得到了广泛的应用。然而，在对其进行具体研究时，应根据具体情况加以选择，或者在必要时将两种方法有机结合起来。例如，在文化对比研究的高级阶段，可开设文化史、文学史和语言学史等课程，采取历时研究法。值得注意的是，英汉文化对比研究是由点到面，一步步地深入、全面、系统地研究，即从点到面逐步实现系统化。

四、英汉心态文化差异

（一）英语文化“求变”的心态

英语文化中的人们“求变”的心态比较普遍，尤其在美国文化中表现得尤为突出。事实上，英语文化下人们更加倾向“求变”的心态和他们崇尚个人主义的理念有着直接的关系。

在英语文化下的人们看来，事物是变化的，而且变化是永不停止的。变化表现为不断打破常规、不断创新的精神。他们不满足于已取得的成就，不甘受制于各种条件的限制，他们在意的是变化、改善、进步、发展与未来。在他们看来，没有变化就没有进步，没有创新就没有成就，没有发展就没有未来。例如，在美国，整个国家都充满了这种打破常规、不断创新的精神。喜欢另辟蹊径、热衷于冒险探索，是西方人“求变”的突出表现。

在西方历史文化中，到处充满了人们冲破传统的轨迹与标新立异的成功例子。当然，变化的背后是危险和破坏，但西方人将这些东西看作创造性的破坏，这样的破坏是创造的开始。也正是这种“求变”的价值取向，使西方社会一直都处在创新的氛围中。

此外，英语文化下人们的“求变”心态还体现在他们不同形态的流动上，他们的职业选择、事业追求、求学计划、社会地位、居住地域都在频繁地流动。西方从来都不缺少从社会最底层通过努力拼搏而成为成功人士的故事。历史上著名的西部大开发迎来了人口大流动，留下了很多个人奋斗、创业有成的奇迹；微软公司的创始人比尔·盖茨中途辍学，创业成功，是美国精神的典范；麦当劳创造了连锁经营的创业模式，不但为人们提供了一种适应快节奏的快餐，更为人们提供了一种白手起家、平民创业的机会。这些都是追求“求变”所产生的效应，也是西方人价值观的集中表现。

（二）汉语文化“求稳”的心态

汉语文化下的人们呈现出典型的“求稳”心态，这种心态在很大程度上和群体主义取向有着直接的联系。受儒家中庸哲学思想的影响，中国人习惯在一派和平景象中“相安无事”“知足常乐”，习惯稳定，相信“万变不离其宗”，主张“以不变应万变”。

在中国人的心目中，“求稳”的观念和心态已经根深蒂固。而且，中国社会就是在“求稳”的观念下不断发展进步的，不论大家（国家）还是小家（家庭）都希望稳定和谐。

实际上，一个社会不可能固守不变，关键要看为什么变、如何变、变得怎么样。中国几千年的封建社会不断改朝换代，一直在发生变化，但是在“祖宗之法不可变”的精神支配下，这种变化本质上是“一治一乱”的天道循环，基本的社会制度和格局并没有变化，也没有创新。“统一和稳定”在中国历朝历代都是头等大事，是社会发展的根本保障。其实，我们可以将中国的历史用“合久必分、分久必合”来概括，“分”是表象，“合”是永恒。不可否认，中国几千年来正是在“稳定”中求生存、求发展、求进步的，而这也很好地解释了为什么中华民族的文化得以延续并完整地保存了下来。

改革开放以来，中国的经济飞速发展，国际地位和综合国力也迅速上升，并取得了举世瞩目的成就。而这一切始终都是在稳定中求发展，国家始终将维持安定团结的局面放在首位，强调“稳定压倒一切”，坚持“发展是硬道理”。这种“渐变”式的发展模式符合中国的国情，也符合中国文化的特质。

五、英汉思维模式差异

在漫长的历史发展长河中，人类逐渐将他们对客观现实的认识具体化为经验和习惯，然后在语言的补助下形成了思想。在思想形成的过程中，人们赋予了它一定的模式，然后就有了一种特定的思维形态。思维模式作为文化的一部分，不同的民族不仅在文化上存在区别，在思维方式上也存在很多差异。

历经千百年的发展，一个民族群体逐渐形成了特定的语言心理倾向，这种语言心理倾向通过思维模式的差异表现出来。因此，每一种语言都体现着使用该语言民族的思维特征。在漫长的发展过程中，受特定的历史条件和生存环境，包括自然环境、地理条件、气候条件以及生活条件和经济社会制度等的制约，中西方民族的思维模式形成了一定的差异，正是在这种差异的影响下，他们对同一事物形成了不同的语言表达方式。

英汉文化下的人们，在思维模式的诸多层面都存在着明显的差异。下面将结合两种文化下人们在思维模式层面比较显著的特点进行分析。

（一）思维路线差异

英汉思维路线方面的差异主要表现为英语文化下的直线性思维和汉语文化下的螺旋形思维。

1. “直线性”的英语思维

英语文化下的人们受长期使用的线型连接和排列的抽象化文字符号的影响，他们的思维线路一步步地发展成直线型，并具有明显的直线性特点。

就英语文化下的人们论文写作的思维方式来看，他们通常会在论文文章的开头表明观点，而且文章总是会有一个固定的中心论点，文章中所有的论述都围绕这一中心论点展开。而且，在语言的运用方面，西方人也不愿意重复前面已经使用过的同语或句式，语言运用呈现出态度明确、直抒主题的典型特点。

英语文化下的人们在说话时，通常也都喜欢直接表达，而且说话的立场前后一致，不会用不相关的信息对事实进行掩盖。

2. “螺旋形”的汉语思维

汉语文化下的人们则以整体性思维模式为主，并受到整体性思维模式的影响，将事物作为整体进行直觉综合，和形式论证相比，汉民族更看重领悟。这种思维模式下的人们观察事物时采用的是散点式方式，思维路线呈螺旋形，是螺旋形思维。

从行文方式方面来看，中国人撰写文章时往往采用以笼统、概括的陈述开头的方式，段落中常含有似乎与文章其他部分无关的信息，作者的见解或建议要么不直接表达出来，要么就是轻描淡写地概括。

从语言的思考和运用上来看，中国人常会反复使用前文用过的词语或句式，因此在语言表达上呈现态度模糊、模棱两可的特点。无论是说话还是写文章时，中国人将思维发散出去之后还会再收回来，做到前后照应、首尾呼应。在这种螺旋形思维下就会出现一种现象，即讲话人不会直接切入主题，而是反复将一个问题展开，最后再总结。

（二）思维方法差异

从思维方法方面来看，英汉民族也存在着诸多的不同，具体体现在英语思维的“抽象性”和汉语思维的“具象性”。

1. 英语思维的“抽象性”

在英语文化中，人们的思维方法具有抽象性的特点，其抽象思维较发达，在研究问题时喜欢建立概念体系、逻辑体系，因而“尚思”也是其思维的一大特点。西方民族使用的是由图形演变而来的配拼音文字，这种类型的文字通过没有意义的字母的线形连接，构成单词这种有意义的最小语言单位，再通过一个个单词的线形排列组成短语、句子和篇章，因此拼音文字缺乏象形会意的功能，使用西方拼音文字的民族也就不容易形成形象思维。

同时，根据辜正坤的观点，这种文字强调了人的智力运行轨迹，其书写形式造成了一种回环勾连，如溪水长流斩而不断的流线效果，容易诱导人们去注重事物的联系性。这种状态和语法形式共同起作用，极大地强化了印欧语系民族对事物的表面逻辑联系的感知能力。抽象的书写符号和语音形式与现实世界脱节，容易迫使印欧语系的民族在更多的场合脱离现实世界，来进行抽象的、纯粹借助于符号的形而上的思考。

2. 汉语思维的“具象性”

在汉语文化中，人们的思维方法具有具象性的特点，他们习惯在思考时联系外部世界客观事物的形象，并结合在大脑里复现的物象进行思考，喜欢以事物的外部特征为依据展开联想，在思维方法上就倾向于形象思维。这种思维方法在传统文化中也多具有“尚象”特征。更准确地说，汉语中常将“虚”的概念以“实”的形式体现出来，强调虚实结合和动静结合，给人一种“明”“实”“显”的感觉。例如，“揭竿而起”“混口饭吃”这些具有文化内涵的词汇就是很好的体现。同时，汉语中的文字也蕴含着丰富的物象，“舞”字从字形上看很像一个单脚站立起舞的舞者形象。

（三）思维形式差异

英汉思维形式层面上的差异主要表现为英语文化下的逻辑实证性思维和汉语文化下的直觉经验性思维。

1. 英语文化下的逻辑实证性思维

英语文化下的人们注重逻辑，其思维的传统就是重视实证，崇尚理性知识，认为只有经过大量实证的分析检验得出的结论才是科学的、客观的。换句话说，英语文化下人们形成了一种理性思维定式，其思维具有很强的理性、实证、思辨色彩，强调逻辑推理和形式分析。

英语文化下的人们强调逻辑实证性的思维，在语言层面主要体现在对“形合”的侧重上。简而言之，西方人注重运用有形的手段使句子达到语法形式上的完整，其表现形式需要逻辑形式的严格支配，概念所指对象明确，句子层次衔接紧密，结构严谨，句法功能呈外显性。

2. 汉语文化下的直觉经脸性思维

汉语文化下的人们在认识世界时，不善于深入思考感性认识，也不善于对现象背后事物本质的哲学思辨，他们更多地倾向于对现象的描述和对经验的总结。正如连淑能所说："中国传统思维注重实践经验，注重整体思考，因而借助于直觉体悟，即通过知觉从总体上模糊而直接地把握认知对象的内在本质和规律。"

和英语语言注重"形合"相对应，汉语注重"意合"。换句话说，汉语语言表现形式主要受意念引导，从表面上看句子松散，概念、推理判断不严密，但是实质上存在一定的联系，需要受众主动去理解探究，而且它的句法功能具有隐性的特点。例如。"A wise man will not marry a woman who has attainments but no virtue."（聪明的男子是不会娶有才无德的女子为妻的。）通过对本例的原文和译文进行分析，不难发现，原句中的 a、who、but 等在译文中都没有体现，汉语句子的"意合"特点显而易见。

六、英汉时空观念差异

（一）时间观念差异

1. 英语文化下的"将来时间取向"

英语文化下人们的时空观念呈现出明显的"将来时间取向"。就美国来看，作为一个移民国家，美国仅有 200 多年的历史，这对于其他历史悠久的文明古国来说很短。最早到达美洲大陆的那批移民来自欧洲，他们为美洲大陆带来了新鲜的血液，并且逐渐开辟了整个美洲大陆。在这期间，他们也形成了自己的文化，这种文化在欧洲文化的基础上改良而来，源于欧洲文化，但又同旧世界的传统文化不同。美国人在个性方面体现出追求个体独立、讲求个人奋斗、追求实利和物质享受等特点。

在美国人看来，时间失而不可复得，因此他们都不太留恋过去，而是更多地关注现实生活，抓住每时每刻享受生活。在美国人的眼中，时间是有限的，这就使他们具有较强的时间观念，"Time and tide wait for no man"（时不我待）是其潜在的意识。这种强烈的时间观念使西方人把更多的注意力放在未来事情的规划和实现上，他们相信"A future is always anticipated to be bigger and larger"（未来总是美好的）。

2. 汉语文化下的"过去时间取向"

与英语文化下明显的"将来时间取向"正好相反，汉语文化下的人们则呈现出明显的"过去时间取向"。

汉民族具有悠久而灿烂的历史文化，中国人以此为傲，因此十分看重历史。例如，华夏族的祖先尧、舜、禹等君主都被历代帝王所敬重；人们习惯用圣人之训、先王之道来评价个人或者事情，如“前所未有”“前无古人，后无来者”“后继有人”等说法。

中国人聪明智慧，善于观察，受昼夜更迭、四季交替等自然现象的影响，逐渐形成了一种环式时间观。环式时间观容易给人一种时间的富裕感，因此人们做事情总是不紧不慢，认为还有时间。所谓“失之东隅，收之桑榆”，中国人认为失去的东西还能有时间补回来，这就使人们渐渐形成了“过去时间取向”。时至今日，随着社会的发展，虽然人们不再过分关注过去，而是更多地关注未来，但不可否认的是，“过去”仍然存在于人们的心中，并或多或少地影响着人们的生活。

（二）空间观念差异

空间观念指的是人们在长期的生活实践中逐步形成的、有关交际各方的交往距离和空间取向的约定俗成的规约，以及人们在社会交往中的领地意识。英汉文化在空间上的差异具体体现在领地意识、空间取向和交往距离等方面。

1. 英汉领地意识差异

根据霍尔的观点，领地意识是一个专业术语，它用于描述所有生物对自己领土属地或势力范围的占有、使用和保护行为。领地又可以进一步区分为个人领地和公共领地。个人领地是指个人独处和生活的范围，如住房、卧室等；公共领地是指家庭成员或社会成员所共同拥有的场所、设施等。英汉两种语言文化在领地意识方面的差异主要体现在以下几个方面。

（1）领地标识方面的差异

在领地标识方面，英汉文化呈现出明显的差异。中国人口稠密，而且个人空间比较狭小。因此，中国人习惯用有形的物品明确地将领地与公共空间隔离开来。在中国，高大的围墙、马路边的栏杆随处可见。但是在西方国家，房子与房子之间的隔离只靠矮矮的篱笆，甚至一块匾额。

（2）领地占有欲方面的差异

相比较而言，英语民族的人们的领地占有欲更为强烈，其领地意识甚至延伸到对个人物品的独占。例如，无论在工作单位还是公共场合，人们都时刻明确划分和维护自己的领地范围，即使是在自己的家里，也不允许他人随意进入自己的房间。同时，他们还十分注重个人隐私的保护，不愿意别人打探自己的隐私，即便是和自己关系亲密的人。

汉民族的人们受聚拢型文化的影响，更愿意和别人分享，而且中国人的隐私范围相对很小。很多在西方人看来属于隐私的方面，在中国人看来似乎根本算不上是隐私。

例如，在医院病房中，护士常常不打招呼就进入患者房间打扫卫生，而这在西方人眼中是无法容忍的。

（3）领地受侵犯时的反应差异

英汉两种文化下的人们在领地受侵犯时的反应也存在着明显的差异。英语文化下的人们在领地受侵犯时，会表现出明确的不满，并加以阻止。例如，西方人会强烈指责排队时“加塞儿”的行为。汉民族文化下的人们在领地受侵犯时的反应则相对温和。例如，朋友到主人家做客时，客人常会随意触动、翻看主人桌上的物品，中国人遇到这种情况通常会不以为意。

2. 英汉交往距离差异

交往距离又被称为“近体距离”，指的是交往中交际各方彼此之间的间隔距离，包括人情距离、社会距离和公众距离。对于交往距离，英汉文化下的民族观念也存在一些差异。

（1）英语文化下的交往距离特点

英语文化下的人们常年生活在地广人稀的环境中，习惯于宽松的生活环境，因此他们很惧怕拥挤，在与人交往中也总是将自身范围扩展到身体以外，与他人保持一定的体距。通常情况下，南美、阿拉伯、非洲、东欧、中欧等地区的近体度较小，而美、英、德、澳、日等国家的近体度较大。例如，在与对方进行交谈时，英国人习惯于保留一个很大的身体缓冲带，而许多亚洲国家的人则倾向于彼此靠得很近；在公共场合，德国人总是自觉地依次排队，而阿拉伯人则倾向于一窝蜂地向前拥挤。

（2）汉语文化下的交往距离特点

汉语文化下的人们长期处于人口稠密所造成的拥挤环境中，并对拥挤的环境比较适应，且向来有“人多力量大”的思想，所以中国人对交往中的体距问题要求不高。

3. 英汉空间取向差异

空间取向指的是交际各方在交往中所处的空间位置、朝向等。空间取向最常涉及的就是座位安排问题。下面主要根据英汉两种文化在就餐和会议座位安排两方面的差异进行具体分析。

（1）就餐座位安排

在就餐座位安排方面，英汉两种文化存在一些相同点。通常而言，桌首位置一般坐的都是一家之主的男性最高长辈；桌尾位置，也就是靠近厨房的位置通常是家庭主妇的位置，以方便端菜、盛饭等；其他家人则分坐桌子两侧。

英汉两种文化在就餐座位安排的不同之处在于，英语文化下安排餐桌座位通常以右为上、左为下，汉语文化中则以面南（或朝向房门）为上、面北（或背向房门）为下。例如，有夫人出席时，英语文化中的人们以女主人为主，让主宾坐在女主人的右上方，主宾的夫人坐在男主人的右上方，主人或晚辈坐在下方。

（2）会议座位安排

在会议座位安排方面，在诸如商务谈判和会议等正式场合中，英汉两种文化下的就座安排基本相同，都是右为上和面向房门为上。中国人在谈正事时，尤其是谈判、商讨要事、宣布重大事项时，更是要面对面隔桌而坐，批评或训斥下属则大多面对面隔桌站立。但在非正式场合中，西方人总是彼此呈直角或面对面就座，前者往往是谈私事或聊天，而后者则态度较为严肃、庄重；如果同坐一侧，就表明两人关系十分密切，通常是夫妻、恋人或密友。而中国人在谈私事、闲聊时，则无论彼此关系是否达到密切的地步，都喜欢肩并肩并排就座。

七、英汉价值观念差异

（一）个人主义和集体主义

1. 英语文化下典型的“个人主义”倾向

西方国家中的人们十分推崇独立自主的个人主义，他们的价值观念就是民主、自由、平等、权利等。受这种个人主义观念的影响，西方国家人们的民主意识、平等意识、权利意识等慢慢形成并发展。西方人十分注重个人权利的维护，崇尚平等、向往自由。

个人主义价值观主导下形成的个体文化追求个体自由、互不侵犯、利益均衡，人际交往中的交际规则被看作处理人际关系的一种策略，个体自由绝对不可以侵犯。西方人还对个人隐私十分看重，在他们看来，个人隐私不仅是为了维护个人自由，更重要的是可以让自己在社会群体中保持完美的形象，从而获得平等的竞争和生存条件。因此，他们在谈话时很少涉及关于自己年龄或者疾病的话题，同时也比较忌讳谈论个人的财产和收入等话题。

2. 汉语文化下典型的“集体主义”倾向

中国人在整体思维模式下形成了集体主义的价值观念，这种价值观念认为每个人都是群体网络中的一部分，而不像西方人所说的是孤立存在的独立个体。因此，群体之间逐渐形成了一些为各方均认可的价值观念和道德准则，如集体主义、对群体的依赖性等，以保证这种群体关系的和谐共处。这种观念在商务活动中显得尤为突出，谈判过程通常会经过团体内部反复的讨论和意见交换，才能最终达成一致。

集体主义观念指导下的人们在处理个人与集体的关系时，习惯上坚持“小家服从大家，个人服从集体”的原则，因此就产生了诸如“先天下之忧而忧，后天下之乐而乐”等具有明显的集体主义思想的话语。人们在“礼”文化的教导下，懂得尊敬长者和有地位的人，知道礼让，维护上下尊卑的社会秩序。例如，在和老人打招呼时称呼“师傅”“大娘”“大爷”等；与有某一职位的人打招呼时，为了表示尊敬，通常会在其姓的后面加上职位名称。

中华文化十分推崇集体主义价值观，这种价值观下的人们很重视人际关系，他们相互体谅，相互关怀，以诚待人。为了表示关心对方，中国人在问候别人时，经常会涉及别人的私事，或者会为了表示真诚而毫无保留地披露自己的私事，因为中国人信奉“事无不可与人言”“君子坦荡荡，小人长戚戚”的观点。但是，这些涉及个人隐私的交际语对于西方人来说通常是不会被接受的，他们不会很乐意回答。

（二）实话实说和“爱面子”

1. 英语文化下的人们倾向“实话实说”

从表达方式层面的价值取向来看，英语文化下的人们更喜欢实话实说、直截了当，总是当面讨论问题，以便达成统一认识。

英语文化下的人们一般都很有自己的主见，人云亦云的人是不会受到尊敬的。只有那些敢于表达自己想法的人，才会得到人们的肯定。同时，在西方人的学习和生活中，无论是课堂上提问、挑战权威、说实话，还是直接拒绝朋友的请求等，都是很简单的事情，这些行为只会影响个人，而不会对集体产生任何影响。

在“面子”问题上，西方人偶尔也会在意，但是他们更加注重个人自由，对于中国人认为丢“面子”的事情，他们只会觉得有一点尴尬，但不会为此感到羞耻。在面对自己所犯的错误时，西方人更多的是感到自责，而不会不好意思，这一点在他们的日常行为中表现得尤为明显。

2. 汉语文化下的人们倾向“爱面子”

“爱面子”是中国人的一大特点，这在中国已经被世界所认识的今天，几乎成了众所周知的事情。中国人将自己的“面子”当作自己的自尊心和荣誉感，认为丢面子是很伤自尊和有损荣誉的。在面子问题上，中国人不仅对自己的面子很看重，同样也很尊重他人的面子，在照顾自己颜面的同时还要顾及他人的面子。在中国人看来，丢面子是件很糟糕的事情，所以不能当众对他人进行辱骂，甚至不能当众对其大吼，这样会使其陷入尴尬境地，让他们感觉很丢人。因此，为了顺利而准确地传达意见，必须要顾全他人颜面，所有的批评都应该私下谈，尽量不要当众给出。

此外，中国人在表达自己意见的时候，习惯委婉陈述，不喜欢明确表达，尤其是在表达对他人或者他人所做事情的否定意见时更是如此，他们习惯婉转表达，并且希望对方能够领会其中的意思。这样，既可以为对方保留面子，又不会伤害双方的感情，是中国人最愿意看到的“和谐”状态。

（三）男女观念的价值取向

1. 英语文化下的“女士优先”

英语文化下的人大多都有宗教信仰，人们出于对圣母玛利亚的尊重，以及受中世纪欧洲骑士作风的影响，大都对女士比较尊重，女士在社交场合中有格外的优势。

以美国为例，在社交场合中，女子会受到格外的优待，男子要处处爱护、谦让妇女。例如，在吃饭或者其他场合入座时，男士应该首先请女士入座；走在马路上时，一般男子走在靠马路的一边；上下电梯时，要让女子走在前面；男女握手时，女子可以不必摘下手套，但是男子则不可以。

2. 汉民族旧社会的“重男轻女”思想

在中国古代，女性的地位十分低下，男女不平等的现象十分严重，人们潜意识里重男轻女，奉崇女子无才便是德，女人要遵从“三从四德”的原则，于是中国古代就出现了女性缠足、童养媳等社会陋习，这一状况一直持续到新文化运动时才得到改观。

新中国成立后，人们的思想观念开始改变，开始强调男女平等，保障妇女权益，使女性从封建观念中解放出来。随着改革开放的开始和发展，不仅使国家的经济得到了快速的发展，同时还为广大女性们提供了发挥自己作用的舞台。随着市场经济体制的逐步完善，分配体系的逐步健全，市场中的各主体按劳分配，靠自己的能力吃饭，男女之别已经不太明显。例如，家庭中的女主外、男主内现象，商界中的女白领、女强人现象以及政界中的女上级等现象都十分常见。

八、英汉生活方式差异

受文化中诸多要素的影响，英汉文化下的人们在生活方式的很多层面都存在着明显的不同。在此，主要结合以下几个方面进行具体分析。

（一）称谓语差异

在称谓语方面，中国人和西方人存在着明显的不同，下面将结合具体例子进行分析。

在对陌生人进行称呼和称谓亲属方面，英汉文化存在着很多差异。从对陌生人的称呼方面来看，英语文化中对陌生人的称呼较为简便，他们对男子统称为 Mr.，对未婚女士统称为 Miss，对已婚女士统称为 Mrs。汉语文化下对陌生人的称呼有时也像对亲属的称呼一样，尤其是针对陌生人对象的年龄、身份等的差异，其称呼也各不相同，彼此有别。例如，大爷、大娘、大叔、大婶、大哥、大姐等。

从对亲属的称谓来看，英语文化中的亲属主要以家庭为中心，一代人为一个称谓板块，而且只区别男性、女性，不区分因性别不同而出现的配偶双方亲属称谓的差异，这体现了他们追求男女平等的观念。例如，英语中对"祖辈、爷爷、奶奶、外公、外婆"称呼只用 grandparent、grandfather、grandmother；对"伯伯、叔叔、舅舅，姑妈、姨妈"称呼只用 uncle 和 aunt。

此外，英语中的表示同辈的 cousin 不分堂表、性别，而且表示晚辈的 nephew 和 niece 没有侄甥之别。与之相比，汉语文化下的亲属称谓等级分明，划分极细。

（二）面对恭维时的态度差异

英汉两种文化下的人们面对恭维的态度也存在着很大的不同。

英语文化中的人们面对别人的恭维通常表示谢意，不会推辞。例如：

A：You speak English very well.

B：Thank you.

A：It's a wonderful dish!

B：I am glad you like it.

而汉语文化中的人们受到传统文化的影响，强调谦虚谨慎的为人处世态度，在得到别人的恭维或夸奖时往往会推辞。例如：

甲：您的英语讲得真好。

乙：哪里，哪里，一点也不行。

甲：菜做得很好吃。

乙：过奖，过奖，做得不好，请原谅。

（三）询问和回避私事差异

在对待私事问题方面，英语文化下的人们通常进行回避，而汉语文化下的人们则习惯与别人谈论一些"隐私"的行为。

英语文化下的人们受个人本位主义的影响，其行为往往以个人主义为中心，认为个人的利益神圣不可侵犯，因而其对个人隐私也十分重视。例如，在人们谈话中，涉及个人隐私问题的话题，如收入、年龄、婚姻、宗教信仰等都属于禁忌。如果询问这些问题，通常都是很冒昧或失礼的。

汉语文化下的人们则不同，他们喜欢聚居，住得往往很近，也接触得较为频繁，并且文化中团结友爱、互帮互助的集体主义观念比较浓厚。受这种环境的影响，人们习惯与别人谈论自己的喜悦和不快，同时也愿意了解他人的欢乐和痛苦，尤其是在我国传统习俗中，长辈或者上司询问晚辈或下属的年龄、婚姻家庭等，通常会被理解为关心，而不是窥探他人“隐私”的行为。一般情况下，上司与下属的关系很近时才会询问上述问题，而下属不会感觉是在侵犯自己的隐私，反而会感觉上司很和蔼亲切。

（四）回答提问的角度差异

英语文化中的人们回答提问往往依据事实结果的肯定或否定用 yes 或者 no 来回答别人的问题。例如：

A：You're not a student，are you?

B：Yes，I am.

（No，I am not.）

汉语文化下的人们回答提问时，习惯以肯定或否定对方的话来确定“对”或者“不对”。例如：

甲：我想你不到 20 岁，对吗?

乙：是的，我不到 20 岁。

（不，我已经 30 岁了。）

（五）接收礼物的态度差异

面对客人的礼物，英语文化中的人们通常都是当着客人的面马上打开，并对这些礼物表示称赞。例如：

Thank you for your present.

Very beautiful！Wow!

What a wonderful gift it is！

汉语文化下的人们则不然，其收到礼物时多会说一些表示谦让的话。例如：

让您破费了。

哎呀，还送礼物干什么?

真是不好意思啦!

此外，汉语文化下的人们都是在收到客人礼物时先将其放在一旁，待客人走后才会拆开。

九、英汉教育文化差异

（一）教育方式差异

从教育方式来看，英汉民族的教育方式也存在差异。具体体现在英语文化下的“尝试式教育”和汉语文化下的“灌输式教育”。

1. 英语文化下的“尝试式教育”

学生可以进行尝试性学习是西方教育方式的一大特点。所谓的“尝试性学习”，具体指的是先让学生尝试体验学习。通过这一过程让他们发现其中的问题，然后通过解决这些问题而逐步积累经验。随着经验的积累，学生就会逐渐有属于自己的学习成果，这时学习的自信心也会增强。

2. 汉语文化下的“灌输式教育”

中国传统文化下的教育模式以“灌输式教育”著称，甚至在某种程度上可以说，这种教育方式在当今中国的学校教学中仍然占据主导地位。

灌输式教育就是先将前人的经验告诉学生，随后学生在已有的成功经验基础上进行操作，整个学习和实践活动都是在教师的指导下完成的。但是，这种教育方式也存在着很大的弊端，由于学生难以跳出前人经验的影响，造成了中国学生创造性思维的欠缺。

（二）教育内容差异

从教育内容层面来看，英语文化下的教育内容呈现出明显的“广博”特点，汉语文化下的教育内容呈现出典型的“精英”特点。

1. 英语文化下的“广博”教育

英语文化下的教育内容更加看重知识掌握的“广”和“博”，强调学生对知识的灵活运用，重视学生创造力的培养。西方教育不是给学生灌输知识，而是对知识点做简要的讲解，点到为止，而学生在完成学习任务的情况下，可以有更多的选择空间。例如，如果学生感觉在学习物理或化学上有困难，就可以选择一些更基础的课程。

2. 汉语文化下的“精英”教育

与英语文化下的教育内容“广博”的特点恰恰相反，中国的教育是以“精英”教育著称，只有那些“精英”才能够得到继续深造的机会，而那些没有将知识学得精深的人则会被淘汰。中国教育重视基础知识的巩固，教学方式以知识灌输为主，教学的主要目的就是让学生能够熟练掌握知识。例如，学习数学时，教师最常采用的是题海战术，让学生重复练习，直到熟练掌握为止。

（三）“教”与“学”差异

在“教”与“学”的关系这一层面上，英汉文化也存在着明显的差异，具体如下。

1. 西方教育文化下的“教”与“学”

关于西方教育的“教”与“学”问题，以美国教育为例进行介绍。美国的高等教育发展学生的个性，而且校园文化也以实用主义观念和以自我为中心的个人主义为主。例如，美国的大学教育给学生提供了很多的自由学习空间，如通过弹性学制，学生可以自主选择学习方式，并自主调节学习和生活。

在追求平等价值观念的影响下，教师和学生之间的关系很平等，因而关系也十分紧密，课堂氛围轻松愉快。此外，学校的教学方式也多种多样，如个案讨论、辩论赛等。

2. 中国教育文化下的“教”与“学”

长期以来，中国的教育模式都比较落后，教学方法也很单一。课堂上教师的主要任务就是给学生灌输知识，而学生的主要任务就是被动地接受教师的灌输。教学方式上仍然是传统的课堂提问和布置课后作业。由于学生只能进行机械的记忆，因此他们的认知能力和动手能力都很差，这样培养出来的学生综合素质都不会太高。

（四）对待学生课余生活的理念差异

英汉教育文化中对待学生课余生活的理念也存在着明显的差异，具体如下。

1. 西方教育中对待学生课余生活的理念

在西方的学校教育中，学生的课余生活十分丰富，社团活动也很多，学生一般都会积极参加。以美国为例，美国绝大多数大学都很赞同学生组织课外活动，有的甚至会资助学生进行一些校外的团体活动，这些活动一般都是学生自己组织的，学校很少参与组织。这种情况下，学生可以完全按照自己的兴趣和爱好进行组织策划，在活动中更能够体验快乐，获得技能。

2. 我国教育中对待学生课余生活的理念

我国教育中的课余生活就不如美国学生那样丰富多彩。中国大学生的课余活动一般比较单一，即使有也是有组织、有计划的活动。这些活动要么是在教师的指导下进行，要么是社团统一组织，且都是可供学生选择参加的。由于受不同教育观念的影响，大多数中国学生仍然认为学习才是自己的第一任务，所以参加这些活动的学生并不是很多，对社会生活知识和社会实践的热情度很低。

但是，近些年来，随着文化交流的日益频繁和文化的不断融合，有些教育观念开始发生变化，一些教育资源开始被共享。为了迎合时代的发展趋势，我国的一些教育理念也开始逐步进行改革，力求与时俱进。

第三节 跨文化交际与翻译

一、跨文化交际诠释

（一）跨文化交际的角色认知

随着人们对跨文化交际研究的深入，给跨文化交际所下的定义也各有侧重，主要是从社会学和文化学的角度来定义的。例如，跨文化交际是指文化观念和符号系统迥异的人们之间的交际；跨文化交际是指具有不同文化背景的人们之间进行的思想和信息交流的活动。

跨文化交际是来自不同文化背景的人们运用符号来创设含义和对创设含义进行解读的互动交流过程。当文化差异巨大且显著时，人们对用一定符号所创设的含义因文化不同而存在不同的解释和期待，这种解释和期待的差异大小直接影响交际的效度。因此，在跨文化交际过程中，交际环境、符号运用的恰当性和有效性、认知程度以及交际动机或者目的等都影响交际的结果。

首先，交际环境影响到交际者的跨文化交际能力，因为这种环境决定交际行为发生时交际者之间的关系以及交际状态。

其次，交际符号运用的恰当性和有效性影响或者限制交际者在一定交际场合下对符号所表示含义的解读，乃至交际的结果发生。

再次，认知程度决定交际者对交际对象的民族个性、生存环境、风俗习惯和行为规则等的了解程度。例如，在中国，时钟是不能被当作礼品来送人的，因为“送钟”与“送终”同音，后者表示一个人生命的终结，因此以时钟作为礼品是中国人所忌讳的。

最后，交际动机影响到人们在交际过程中的情感表达、方式的选择等。

（二）跨文化交际的分类

来自不同文化结构体系的人们之间的交际都属于跨文化交际，但根据不同的标准和要求，跨文化交际的分类也不同。

（1）根据跨文化交际范畴的不同可以分为“宏观跨文化交际”（macro-cross-cultural communication）和“微观跨文化交际”（micro-cross-cultural communication）两种。

所谓宏观跨文化交际指国际性的跨文化交际，即跨国界的观念、习俗不同的民族、种族之间的交际。例如，中国人与美国人之间的交际。

微观跨文化交际指同一国家内来自不同文化圈的人们之间的交际，包括同一国家内来自习俗不同的民族、种族、地域的人们之间的交际。例如，同在中国的汉族人与回族人之间的交际。

（2）根据交际群体（communicative group）的不同可以分为“文化圈内的交际”（in-group communication 或者 intra-cuhural communication）和“文化圈外的交际”（out-group communication 或者 inter-cultural communication）。

文化圈内的交际是指同一主流文化内不同个体之间的交际。例如，同属阿拉伯文化圈的不同国家的个体之间或者同一国家不同地域之间个体的交际；同属于中国大文化圈的南方地区和北方地区有很多不同的习惯性差异。

文化圈外的交际是指不同主流文化的个体之间的交际，即来自不同文化圈的个体之间的交际。来自不同文化圈的个体因文化差异而形成的交际的表达方式、表达含义存在差别。

（3）根据交际群体的不同可以分为“跨种族的交际”（cross-racial communication)和“跨民族的交际”（cross-ethnic communication）。跨种族的交际是指来自不同种族的个体之间的交际，如白种人与黑种人之间的交际。跨民族的交际是指来自同一国家或者不同国家的不同种族的个体之间的交际。例如，在中国，汉族特有的药叫中药，藏族特有的药叫藏药。汉语中的“赤脚医生”是对应英语里的“bare feet doctor、local doctor、village doctor”，还是“farmer doctor”？根据汉语词典的解释，赤脚医生是指“中国农村中经过短期训练且不脱离农业生产的，能治疗小伤小病并做一些公共卫生工作的医务人员”，其对应的英文应该是“local doctor”“village doctor”或者“farmer doctor”，其中“farmer doctor”最能表达其真实含义。

二、文化与交际的关系

交际与文化两者是相统一的。可以说，文化是冻结了的交际，交际是流动着的文化。具体来说，文化与交际的关系如下。

（1）交际受制于文化，文化影响着交际。交际行为是文化行为和社会行为，受到社会文化中世界观、价值观等文化核心成分的影响和制约。交际行为的译码活动也受制于文化特定规则或规范。交际双方共用一套社会期望、社会规范或行为准则时，才利于其交际的顺利进行。

（2）交际隶属于文化，并且是文化的传承媒介和编码系统。从社会学角度看，人们习得交际的能力是通过交际完成社会化的过程，又通过交际建立内外部世界，有了交际，人们的活动、文化才能得到存储和传承。

（3）交际在影响文化的过程中丰富着文化。二者相互依存、相互促进。另外，交际也给文化注入新的活力和增添新的成分。

（4）文化的差异性会使跨文化交际过程中意义的赋予变得更加复杂，从而导致编码人传递的信息和译码人获得的意义之间存在差距。

三、跨文化交际与翻译的关系

（一）翻译的跨文化交际属性

语言交际在不同文化中均通过自身默契来编码和解码，而中西方跨文化交际是从不同角度理解中西方社会世界观、人生观与价值观所存在的差异，建立跨文化的中西方共识以促进中西方文化沟通，寻求一种新文化、新价值标准作为桥梁，以使交际双方都能够接受，以此避免不同文化之间的冲突，进而实现成功的跨文化交际。

从人类社会产生，尤其是人类通过语言交流思想以来，跨文化交际就得以产生，而要保证这种跨文化交际能正常进行，就离不开翻译。当两个操不同语言的人相遇时，双方就必须依靠翻译来进行交际，所以为了更有效地进行跨语言、跨文化的交流，翻译就随之产生了。翻译者与翻译活动的出现，极大地推动了跨文化交际活动的发展，从最初的族群与族群、民族与民族之间的微观跨文化交际，逐渐发展成国家与国家、地区与地区之间，乃至全世界之间的跨文化交际。可见，跨文化交际的出现促使了翻译活动的产生，而翻译活动反过来又推动了跨文化交际的发展；没有跨文化交际的需要，也就不会有翻译。总之，跨文化交际与翻译是相辅相成、相互依存的。从某种层面上说，翻译就是跨文化交际，翻译的历史也就是跨文化交际的历史，尽管这种说法有失偏颇，但确实也有一定的道理。以中国为例，我国文字记载的2000多年的翻译史不但是翻译活动的历史记录，还是汉文化与其他外国民族文化，以及我国少数民族文化之间的跨文化交际过程。

不同文化之间的交流、不同思想之间的碰撞均离不开语言。从本质上说，翻译是在一定社会语境下发生的交际过程，是一项跨语言、跨文化的交流活动。翻译主要涉及两种语言，即将一种语言以最近似、最等值的形式转换成另外一种语言的人类社会实践活动，是一种将语言文字、语言知识、文化修养结合起来的综合性艺术。这也是它的跨语言性。因此，翻译是一种语言社会实践活动，其具有跨文化性，又具有交际性；翻译既是一种艺术，又是一门科学。

如今，文化研究在全世界都是一个热门的话题，从文化的视角，尤其是跨文化视角来研究翻译也逐渐成为一种潮流，文化因素在翻译中的作用越来越受到重视。近20年来，翻译研究主要有两种倾向:其一，翻译理论被深深地烙上了交际理论的印记;其二，翻译从注重语言的转换逐渐转向了注重文化的传达。以上两种倾向的结合，就将翻译看作一种跨文化交际行为。

（二）跨文化交际与翻译研究及实践

吕俊指出，翻译的本质是传播，它是一种跨文化的信息交流与交换活动。随着跨文化交际学的出现，有学者提出，翻译即一种跨语言、跨文化的交际活动。译者除了要掌握基本的语言知识和相应的语言技能，还要保证可以深入、灵活、有效且具体地传达原文的思想，其还应了解源语与目的语的文化。只有具备了一定的跨文化交际能力，译者才可能使译文达到“最近似的自然等值”或者完成相类似的文化功能。

不同民族文化在对社会现象的观察上存在一定差异，且这种差异也是影响交际顺利进行的主要障碍。在跨文化交际过程中，交际各方不但要非常熟悉本族的语言、文化，还要充分了解对方的语言、文化，只有这样，才能保证交际的顺利进行。

事实上，出现跨文化交际的一个最大障碍就是文化差异。因此，为了达到跨文化交际的目的，译者就要淡化自己的文化。翻译是一种跨文化交际活动，它的主要认识是将一种语言的文化内涵转换到另一种语言中去，译文是否忠实主要靠译者对两种语言以及所表达的文化内涵的细微差别的掌握情况。

跨文化交际学为从跨文化角度审视特定文所处的语境和语言特征提供了科学的方法。跨文化交际的理论与研究方法为文本、语篇的生成与传播的宏观语境和微观语境、文化氛围的客观认知，对信息接受者的整体特点与具体个性的确切了解，对精确翻译文本、语篇中“符码”所蕴含的文化信息，准适度性、翻译技巧选用的测量性、保证翻译的合理性、翻译质量的优质性、翻译传播效果的实效性提供了定性的或定量的依据。

从国内的研究成果来看，有些学者注重讨论西方人的思维模式、价值取向、道德规范、社会习俗、交往和生活方式等；有些学者注重从这些方面对中西方语言文化进行对比研究；一些学者从语言的功能，文字的音、形、义以及文化效应的角度，对英语和汉语进行更深层次的比较；还有医学学者会从社会交际、日常交往及其语言表达方式等方面，对英汉语言的运用进行比较；另外还有学者则从翻译学的视角出发，研究英汉语言互译中如何恰当、准确地表达源语的语义以及其中蕴含的文化问题，注重对翻译方法和技巧的讨论。总之，这些学者的观点和看法均对丰富和发展跨文化交际学理论做出了较大贡献。

第二章　翻译理论概述

第一节　中西翻译的发展历程

什么是翻译？有人认为翻译是一门科学，因为它有着自己的内在科学规律；也有人视翻译为一门艺术，因为翻译好比作画，需要先抓住客观人物的形态和神态，然后用画笔把他惟妙惟肖地表现在画面上；还有人将翻译看作一门技能，因为就其具体操作过程而言，它总是离不开方法和技巧。但是，总的来说，翻译是一门综合性学科，因为它集文学、语言学、社会学、教育学、心理学、人类学、信息理论、生态学等学科特点于一身，在长期的社会实践中已经拥有了自己的一套抽象的理论、原则和具体方法，形成了自己独立的体系，而且在相当一部分语言材料中这些方法正在逐渐模式化。由此可见，视角的不同可以导致人们对翻译性质认识的差异。

一、中国翻译发展历程

中国是一个具有几千年文明历史的古国。据文字记载，早在周代就出现了翻译活动。夏商周时期，人们之间的通信十分频繁，许多不同的民族和部落居住在同一个疆域内是十分普遍的。这些不同的部族与居住在中原的民族在语言、饮食、风俗文化等方面有很大的不同。《左传·襄公十四年》记载："我诸戎饮食衣服不与华同，贽币不通，言语不达。"不同民族之间互相交往，就必须有翻译。在《周礼》《礼记》中均有对周朝翻译官职的记载。

《后汉书·南蛮传》记载了周代的口译："交趾之南有越裳国。周公居摄六年，制礼作乐，天下和平。越裳以三象重译而献白雉。"象，即翻译官，后专指翻译南方语言的翻译官。《礼记·王制》中记载："中国、夷、蛮、戎、狄……五方之民，言语不通，嗜欲不同。达其志、通其欲，东方曰寄，南方曰象，西方曰狄鞮，北方曰译。"除"译"之外，"寄""象""狄鞮"均指翻译官。

西汉人刘向在《说苑·善说》中记载了鄂君子皙请人翻译《越人歌》一事，是我国较早关于笔译的记录。《后汉书·南蛮西南夷列传》中记载有白狼王唐写的《慕代诗》三章，即《远夷乐德歌》、《远夷慕德歌》和《远夷怀德歌》。该列传不但记载了这三首诗的作者、译者姓氏，而且保存了这三首诗的原文汉字记音。这是我国诗歌翻译最早的文字记载。

从汉代起，由于在政治、军事上与北方交涉频繁，“译”逐渐成了总称。“翻”字也从东汉起使用。南北朝时期的佛经译著中已开始使用“翻译”二字。

中国历史上出现过四个翻译的重要时期。第一个时期是东汉至隋唐时期的佛经翻译，第二个时期是明末清初的自然科学翻译，第三个时期是近代的文学翻译，第四个时期是新中国成立后。这四个时期留下了丰富的译学思想和翻译资料，为现、当代翻译学奠定了思想基础。

二、西方翻译发展历程

一般认为，西方翻译理论可分为五个时期，即古代时期、中世纪时期、文艺复兴时期、近代时期和现（当）代时期。西方翻译理论较之于中国翻译理论更加系统、全面，有较完整的体系和清晰的发展脉络。

（一）古代时期

西方古代第一部重要的译作是《圣经·旧约》的希腊语译本。公元前 285 年，72 名知识渊博的希腊学者遵从埃及国王托勒密二世费拉德尔弗斯的旨意，聚集在亚历山大图书馆，将流散在各地的犹太人用希伯来语写成的《圣经·旧约》译成希腊语。历时 36 年方得以完成，称为《七十子希腊文本》。公元 4 世纪末 5 世纪初，著名神学家哲罗姆（约 347—420）奉罗马教皇之命，成功地组织了《圣经》的拉丁文翻译，并将其命名为《通俗拉丁文本圣经》，该译本后来成为罗马天主教承认的唯一圣经文本。西方翻译理论发源于公元前 1 世纪。古罗马帝国政治家和演说家西塞罗发表了著名的《论演说术》演说。在这篇演说中，他说：“我认为，在翻译时，逐字翻译是不必要的，我所做的是保留原文的整体风格及其语言的力量。因为，我相信，像数硬币一样地向读者一个个地数词，不是我的责任，我的责任是按照他们的实际重量支付给读者。”“按实际重量支付”即“保存原文的全部意义”。这段话首次谈到了直译和意译，明确提出反对逐字翻译。这个时期，翻译家们大都根据自己的翻译实践对翻译进行分析和论述，主要集中在直译还是意译这类问题上。奥古斯丁是与哲罗姆同时代的神学家、哲学家，对翻译理论有许多深刻的见解。他认为，翻译的基本单位是词，翻译有三种风格，即朴素、典雅、庄严，其选用取决于读者的需求。他从亚里士多德的“符号”理论出发，认为忠实的翻译就是能用译语的单词符号表达源语单词符号指示的含义，即译语词汇和源语词汇具有相同的“所指”。这套理论对后世有深远的影响。

（二）中世纪时期

中世纪时期即西罗马帝国崩溃到文艺复兴时期。英国阿尔弗雷德国王（849—899）是一位学者型的君主，用古英语翻译了大量的拉丁语作品，常常采用意译法，甚至近于创作。11、12 世纪，西班牙中部地区的托莱多形成了庞大的“翻译院”，主要内容是将阿拉伯语的希腊作品译成拉丁语，接续欧洲断裂的文化传统。中世纪末期出现了大规模的民族语翻译，促成了民族语的成熟。英国的乔叟翻译了波伊提乌的全部作品和薄伽丘的《菲洛斯特拉托》等，德国的维尔翻译了许多古罗马作品，俄国翻译了不少希腊语和拉丁语作品，其著名的翻译家有莫诺马赫、雅罗斯拉夫等。翻译理论的代表人物有罗马神学家、政治家、哲学家和翻译家曼里乌·波伊提乌。他提出翻译要力求内容准确，而不应该追求风格优雅的直译主张，译者应当放弃主观判断权的客观主义观点，这在当时产生了较大的影响。

（三）文艺复兴时期

从 14 世纪至 17 世纪初，西方翻译进入繁荣时期，产生了许多具有代表性的翻译家和有影响的翻译理论。英国翻译题材广泛，历史、哲学、伦理学、文学、宗教著作，无所不及。查普曼先后翻译了荷马史诗《伊利亚特》和《奥德赛》，成就卓越。他认为翻译既不能过于严格，亦不能过分自由。人文主义者廷代尔以新教立场翻译了《圣经》，面向大众，通俗易懂，又兼具学术性与文学性，取得了巨大的成功。然而，他的翻译触犯了当时的教会权威，1535 年，教会以信奉宣扬异教的罪名将廷代尔处以火刑。荷兰德是英国 16 世纪最著名的翻译家，其翻译的题材多样，尤以历史翻译见长，著名作品有里维的《罗马史》、绥通纽斯的《十二恺撒传》等。法国的阿米欧于 1559 年翻译了《希腊、罗马名人比较列传》，内容纪实，文笔清新自然。他主张译者务必充分理解原文，译文要淳朴自然。语言学家、人文主义者多雷在其《论如何出色地翻译》中提出了翻译的基本准则：译者要完全理解翻译作品的内容；要通晓所译语言；语言形式要通俗；要避免逐字对译；要注重译文的语言效果。德国主要有路德的《圣经》翻译，遵循通俗、明了、大众化的原则，在官府公文的基础上吸取了方言精华，创造了本民族普遍接受的文学语言形式，为德国文化的发展做出了杰出贡献。路德认为，翻译必须采用平民化的语言，必须注重语法和意思的联系，必须遵循一些基本原则。路德之所以能在翻译实践上取得成功，和他的理念是分不开的。德国另一位代表人物伊拉斯谟认为，翻译必须尊重原作，译者必须要有丰富的语文知识，必须保持原文的风格。

总体而言，这一时期对翻译的认识和讨论十分热烈，由此奠定了西方翻译学的理论基础。

（四）近代时期

从17世纪至第二次世界大战结束的近代时期是西方翻译的黄金时期。1611年，英国出版了《钦定本圣经》，译文质朴典雅，音律和谐，是一部罕见的翻译杰作。不久，谢尔登译出了塞万提斯的《堂吉诃德》。蒲伯在查普曼的基础上重译了《伊利亚特》和《奥德赛》。莪默·伽亚谟的波斯语作品《鲁拜集》于1859年有了第一个英语译本，后几经修订，跻身英国翻译史上最优秀的译作之列。17世纪法国文坛盛行古典主义，因此翻译以古希腊、古罗马的文学作品为主；18世纪，法国向往古老神秘的中国，翻译了不少中国作品，元曲《赵氏孤儿》就是那个时期翻译到法国的；19世纪以西方各国文学的翻译为特色，莎士比亚、歌德、但丁、拜伦、雪莱的许多作品都有了法语译本。这个时期的翻译理论较为全面、系统，具有普遍性。其代表人物有：英国的约翰·德莱顿、亚历山大·弗雷泽·泰特勒，法国的夏尔·巴托。德莱顿对翻译进行了较为系统、全面的研究，认为翻译是一门艺术，译者必须掌握原作的特征，服从原作的意思，翻译的作品要考虑读者的因素。同时还将翻译分为三大类：逐字译、意译和拟作。泰特勒在1790年撰写的《论翻译的原则》一书中提出著名的“翻译三原则”。

（1）译作应完全复制出原作的思想。

（2）译作的风格和手法应与原作保持一致。

（3）译作的语言应达到原作的通顺。

进入19世纪，德国逐渐成为翻译理论研究的中心。代表人物有神学家、哲学家施莱尔马赫，文艺理论家和翻译家施雷格尔，语言学家洪堡特。翻译研究的重点集中在语言和思想方面，逐步形成了一定的研究方法和翻译术语，从而把翻译研究从某一具体篇章中抽象分离出来，上升为“阐释法”。这种方法由施莱尔马赫提出，施雷格尔和洪堡特加以发挥。施莱尔马赫在《论翻译的方法》一文中较为全面地论述了翻译的类型、方法、技巧，形成了比较系统的翻译理论，在19世纪产生了重大影响，至今仍具有一定的现实意义和作用。其主要内容包括以下几点。

（1）翻译分为笔译和口译。

（2）翻译分为真正的翻译和机械的翻译。

（3）必须正确理解语言思维的辩证关系。

（4）翻译有两条途径，一条是尽可能忠实于作者，另一条是尽可能忠实于读者。

洪堡特进一步认为：语言决定思想和文化，语言差距太大则相互之间不可翻译，可译性与不可译性是一种辩证关系。洪堡特关于“可译性”与“不可译性”的论述在今天同样具有重要的借鉴意义。

（五）现（当）代时期

众所周知，20 世纪上半叶爆发了两次世界大战，翻译和翻译理论研究受到极大的破坏而驻足不前，其间几乎没有有影响的翻译和翻译理论研究。然而，第二次世界大战以后，翻译和翻译理论研究则在西方迅速发展并很快进入一个繁荣时期。

西方现（当）代翻译理论时期指从第二次世界大战结束至今，这一时期在翻译范围、形式、规模和成果方面都是历史上任何时期无法比拟的。翻译理论研究在深度和广度方面亦取得了突破性的进展。这一时期，由于受现代语言学和信息理论的影响，理论研究被纳入语言学范畴，带有较为明显的语言学色彩；同时，由于在理论研究中文艺派的异常活跃，又使翻译理论研究带有明显的人文特征。因此，翻译理论的研究大都走科学与人文结合的道路。而且，翻译研究更加重视研究翻译过程中所有的重要因素，包括语言使用者的社会因素等，以及它们之间的相互关系和产生的相互影响，并以此解决翻译中的各种问题，使翻译这门学科具有较为成熟的学科特征。

现（当）代翻译理论时期涌现出一大批在翻译理论与实践方面成绩卓越的人物，并逐渐形成了流派。这些流派主要包括：布拉格学派、伦敦派、美国结构派、交际理论派，或语言学派、交际学派、美国翻译研究班学派、文学文化学派、结构学派、社会符号学派，这些学派的研究使西方翻译理论逐渐形成体系，并趋于成熟。

第二节　翻译的不同视角

老子说：“信言不美，美言不信。”英国著名小说家、诗人吉卜林说：“东是东，西是西，东西永古不相期。”自古以来，不少人对翻译的认识做出了许多精彩的论述，这也从一个侧面反映出翻译的重要作用。古今中外的许多哲学家、思想家、文学家、艺术家、翻译家对翻译情有独钟，用精辟的语言道出翻译之“事”。例如，不少人将翻译与绘画相提并论，有道是“隔行不隔理”。一代丹青大师齐白石老先生就说：“作画妙在似与不似之间，太似为媚俗，不似为欺世。”我国著名翻译家傅雷说：“以效果而论，翻译应当像临画一样，所求不在形似而在神似。”

钱钟书老先生著名的“化境”论说：文学翻译的最高理想可以说是“化”，既不因语文差异而露生硬的痕迹，又能完全保存原有的风味。无独有偶，威切斯勒将翻译家与音乐家相比较，认为翻译家和音乐家是同一性质的，他们都把别人的作品通过自己的艺术创造再现给人们。英国著名翻译理论家西奥多·萨瓦里也曾把文学翻译比作绘画，把科技翻译比作摄影。泰德勒则将翻译比喻为复制一幅画。画论译理，灵犀相通，可见齐白石老先生所论实在是至理名言，之于翻译实则是精妙的法则：翻译作品不可“不似”原作，如“不似”原作，则决然不是翻译；翻译作品不可“太似”原作，如“太似”原作，又如何能称为艺术？只有“妙在似与不似之间”，才能既是翻译，又是艺术。

19 世纪以来，不少人开始以传统语言学理论为基础研究翻译问题，认为翻译是运用一种语言把另一种语言准确而完整地重新表达出来的语言活动；或是把一种语言的连贯性话语在保持其内容及意义的情况下，改变为另一种语言的连贯性话语的过程。进入当代，受当代语言学的影响，人们把研究的视点从语言本身发展到交际语境、语域、语用等范畴，认为翻译是一种交际活动。美国语言学家、翻译家奈达是交际翻译观的代表人物。他认为，翻译是指在译语中用最贴切而又最自然的对等语从语义到文体再现原文的信息。在过去，以文化研究为重点的翻译研究形成了一个热门的领域。研究认为，翻译是不同国家和民族进行政治、经济和文化交往的产物，并反过来推动它们之间关系的发展，使一国的文化为其他国家所共享、所借鉴，从而促进各国民族文化的繁荣和创新。这一时期，不少西方学者使用“跨文化”来形容翻译的这一活动。其中一个代表人物为科纳切尔，他明确提出“跨文化以文本为依托，以跨文化信息转换为宗旨，翻译是译者适应翻译生态环境而对文本进行移植的选择活动”；另一个代表人物是从认知语言学视角研究翻译问题的王寅先生，他的认知语言学翻译观认为“翻译是一种认知活动，是以现实体验为背景的认知主体所参与的多重互动为认知基础的，译者在透彻理解源语言语篇所表达的各类意义的基础上尽量将其在目标语言中映射转述出来，在译文中应着力勾画出作者所欲描写的现实世界和认知世界”。两位先生尽管从不同的视角对翻译进行了系统的研究，但都认为翻译应该综合考虑翻译过程中的诸多因素，最终实现和谐翻译，促进跨文化交际的顺利进行。

与此同时，不少人认为翻译是艺术创作的一种形式，强调语言的创造功能，讲究译品的艺术效果。如拉斐维尔、兰伯特等人就认为“翻译就是对原文的重新摆布”。

当然，也有学者认为，翻译是一门实践性很强的艺术，既是模仿，又是创造。

值得一提的是，实用主义者从翻译的现实成分出发，把翻译看作客户委托做的工作。周兆祥先生就认为翻译工作不是什么超然于社会之外的艺术，而是配合社会发展需求而提供的雇佣兵式的服务。他说："译者的主要责任，不是译好某些文字，而是为了委托者的最大利益，完成当次委托的任务。"罗宾逊也谈道："不同的人对翻译有不同的看法，不做翻译的人视其为文本处理，译者则将其视为一种活动。"

长期以来，人们对翻译的争论和论述还集中在翻译作品的"可译"与"不可译"上，使之成为一个古老的悖论，为人们提出一个二律背反的命题。一方面，人们认为翻译对人们的沟通和交流发挥了巨大作用；另一方面，很多学者、作家、思想家、翻译家对翻译的真实性又表示怀疑。例如，意大利文艺复兴时期伟大的神学家但丁（1265—1321）就提出"文学作品不可译"的观点，他始终认为"翻译将破坏全部的优美和谐"。他说："任何富于音乐和谐的作品都不可能译成另一种语言而不破坏其全部优美的和谐感。"西班牙大作家塞万提斯（1547—1616）则形象地将翻译比喻为"反面观赏弗兰德斯的花毯"（又译为佛拉芒毯），图案轮廓固然清晰，色彩却不见了。他在其长篇小说《堂吉诃德》中借主人公堂吉诃德的口这样说道："不过我对翻译也有个看法，除非原作是希腊、拉丁两种最典雅的文字，一般的翻译就好比弗兰德斯花毯翻到背面来看，图样尽管还看得出，却遮着一层底线，正面的光彩却不见了，至于相近的语言，翻译只好比誊录或抄写，显不出译者的文才。"而法国启蒙思想家伏尔泰（1694—1778）说："翻译，增加一部作品的错误并损害它的光彩。"德国语言学家施莱格尔形容得更为直接："翻译好比一场拼死拼活的决斗，最后失败的不是译者就是原作者。"意大利哲学家克罗齐一语惊人："翻译好比女人，忠实的不漂亮，漂亮的不忠实。"英国诗人雪莱也说："译诗是徒劳的，犹如将紫罗兰扔进坩埚里。"彼得·纽马克对翻译的比喻非常实际，他说："许多翻译都是在一种方案与另一种方案之间的妥协。翻译是一种变戏法的动作，是一种碰运气的事，是在走钢丝。无论对译者或者对翻译批评者而言，只要有时间，他们总会对已翻译的东西改变主意或看法。"

德国翻译家洪堡特也就翻译的可译性与不可译性发表了两元语言观。他指出："所有翻译都只不过是试图完成一项无法完成的任务。任何译者都注定会被两块绊脚石中的任何一块绊倒，他不是贴近原作贴得太紧而牺牲本民族的风格和语言，就是贴近本民族特点太紧而牺牲原作。介于两者之间的中间路线不是难以找到，而是根本不可能找到。"但是他又说："在任何语言中，甚至不被我们所了解的原始民族的语言中，任何东西，包括最高的、最低的、最强的、最弱的东西，都能加以表达。"不难看出，翻译是难事，但又十分精彩。有趣的是，人们在论述翻译时都力图将翻译与丰富的色彩和鲜明的个性相提并论，这充分说明翻译内涵的丰富和外延的广阔。著者曾在翻译课中就同一作品的多种翻译为学生做比较时谈道：不同译者的文化背景、个性特质、社会表征等多种因素决定了他对翻译作品的理解和翻译的风格，这些东西体现在译品中使之产生差异并对读者产生影响，有时候概括为“仁者见仁，智者见智”，然而译品对读者的影响负有社会责任。译品在多大程度上忠实于原作并传递出原作的思想和风格，甚至细微的语言特征，这实在很难把握，并且难有一个统一的标准。人们说译品好或不好，同样和人们的教育程度和个人特质有关，并且很大程度上和人们受传统文化教育的影响十分密切。有人一生中翻译了很多作品，却很少有产生影响的；有人一生中只翻译了一部作品，却在相当长的时间内影响甚广；有人因译品名声大噪；有人的译品成为经典而自己却鲜为人知。由此提出一个令人感兴趣的问题：谁来从多种因素出发比较和认定译品的忠实和好坏？以《简·爱》为例，译品有二三十种，可以说除了译者特定的生活时代的一再烙印表现在译文中，应该说都各有千秋。然而，就整体而言，谁在最大程度上忠实于原作，传递出原作的思想和风格，又有谁愿意去做精准的比较和论断？

其实，翻译之精彩足以让人们以严肃的态度和宽阔的胸怀来认识和理解原作和译作、作者和译者之间的关系以及他们承载的文化和社会责任。德国文豪歌德（Goethe，1749—1832）把翻译家比作“媒人”，他说：“翻译家应被看作忙碌的媒人。他对一位还半遮面的美人大加赞誉，说她真值得我们倾心。媒人就这样激起了我们对这位美人的爱慕，一定要对她本来的长相看个究竟。”美国女翻译家马格利特·佩顿借用自然科学对物质从一种状态变成另一种状态的描述对翻译做了十分新颖的比喻，她说：“我喜欢把原作想象成一块方方正正的冰，翻译的过程就是这块冰溶化的过程。待到冰变成了液体状态时，每个分子都变换了位置，没有一个分子与其他的分子仍保留着原来的关系。它们开始了在第二种语言里形成作品的过程。分子有逃逸掉的，新的分子涌了进来填补空缺，但是这种成型和修补的轨迹完全是隐性的。在第二语言里形成的译品是一块新的方方正正的冰块，它虽与原来的冰块不同，然而外表看上去却是一模一样的。”德国浪漫主义运动的先驱赫尔德为人们揭示了一个真理：译作与原作不可能完全画等号。赫尔德说：“一种语言在被翻译之前就如同一个处女，尚未与一个外国人同床共枕并生下混血儿。暂时来说，她还仍然保持着其纯洁与天真，展现的是其人民性格特征的真实形象。”

不难看出，对翻译既有侧重宏观的比喻，又有侧重翻译过程的描述的微观比喻。

从以上对翻译的比喻，人们可以对翻译的本质有一些认识，从而为学习翻译打下良好的基础。

第三节　翻译的有关理论

一、翻译的概念

翻译有广义与狭义之分。广义的翻译包括语言与语言、方言与民族共同语、方言与方言、古语与现代语、语言与非语言（符号、数码、体态语等）之间的信息转换。对于这个概念的外延是相当宽泛的，它包括不同语言间的翻译、语言变体间的翻译和语言与其他交际符号的转换等。广义的翻译主要强调“基本信息”的转换，不强调“完全的忠实”。广义的翻译也称作“符际翻译”。

狭义的翻译一般是指“语际翻译”，即用一种语言符号解释另一种语言，诸如英译汉、汉译英、法译英等不同语言之间进行的翻译。狭义的翻译是一种语言活动，是把一种语言表达的思维内容忠实地用另一种语言表达出来的语言活动。这个定义强调“翻译是一种语言活动”，阐述了狭义翻译的性质，表明它是人类多种交际方式中语言交际的沟通。

英汉翻译就是把英语所表达的思维内容忠实地用汉语表达出来的语言活动，它包含着一个对原文含义的理解逐步深入、对原文含义的表达逐步完善的过程。

二、翻译的分类

对于翻译的分类，可以从不同角度进行划分。

（1）根据工作方式，翻译可分为口译（interpretation ）、笔译（translation ）、机器翻译（machinetranslation ）和机助翻译（machine-aided translation）。口译又可分为连续翻译（coisecutive translation）和同声传译（simultaneous translation）。机器翻译是现代语言学和现代智能科学相结合的产物，可望在某些领域替代人工翻译。

（2）根据内容题材，翻译可分为文学翻译（literary translation）和实用翻译（pragmatic translation ）。文学翻译包括诗歌、小说、戏剧、散文以及其他文学作品的翻译，着重情感内容、修辞特征以及文体风格的传达；而实用翻译包括科技资料、公文、商务或其他资料进行的翻译，强调实际内容的表达。

（3）根据处理方式，翻译可分为全译、摘译、缩译、节译和编译等。

（4）根据所涉及的两种代码的性质，翻译可分为语内翻译（intro-lingual translation）、语际翻译（inter-lingual translation ）和符际翻译（inter-symbol translation）等。

（5）根据所涉及的语言，翻译可分为外语译成母语和母语译成外语等，如英译汉、汉译英。除了以上所列几种划分方法，在实际运用中还有许多具体的分类法，这里不再一一赘述。本书中所讲的翻译，主要是从狭义翻译（语际翻译）的意义上来谈的，特别是指英汉语言的翻译。

三、翻译的标准

翻译的标准是用来约束翻译者的活动的准绳和评定翻译作品质量的尺度，而且具有极其重要的意义。自从有了翻译活动，对于翻译标准的讨论就开始了。而且至今它仍然是众多译者、翻译研究者和爱好者津津乐道的话题，也正是在这些热烈的讨论中，翻译学科得以不断地向前发展。

由于翻译的多功能性、翻译作品的多样性、翻译手法与风格的多样性以及作品受众的多层次性，翻译的标准也具有多元性，很难找到一个绝对标准。但是在具体的翻译工作中还是可以找到一些可操作的标准来对译著进行衡量的。而在我国最有影响力的翻译标准至今仍是清代著名思想家、翻译家严复所提出的“信、达、雅”。所谓“信”即指忠实，译文要准确地传达原著的思想内容；所谓“达”即指译文要明白通达，通顺流畅，符合译人语习惯；而“雅”则“求其古雅”，严复认为应将文章尽量译得富丽典雅，符合中国古文的遣词造句的要求。这显然是有其局限性的。作为书面语言的翻译固然要正规一点，或者说“雅”一点，但是由于作品的风格不同，题材多样，有“雅”的也有不“雅”的，所以把“雅”字定为标准是偏颇的。就整体而论，“信、达、雅”不失为一个好标准，所以仍然为许多翻译工作者所沿用，其原因在于这几个字简单明了，而且层次鲜明、主次清晰，即先求信，要忠实：再求达，要通顺；信达至上，而后求雅，提升译文水平层次。

而近代各翻译大家也各自提出了自己的观点。如钱钟书的“化境论”、梁实秋的“神似说”、鲁迅的“信与顺说”等。而从国际翻译研究来看也是争论热烈，观点层出不穷。

综合上述观点，翻译就是要“忠实准确，流畅切合”。这个标准概括了翻译定义中两个方面，对于初步掌握了英、汉两种语言的学习者来说，这是一个较为合理适用的标准。

所谓忠实准确，首先是指译文内容要忠实于原文，译文要把原作的语义内容在转述过程中翔实而准确地表达出来，这包括文章中反映出来的思想、立场、观点、态度、感情、环境、背景等。其次忠实还指要对原作的特色，包括作品的民族特色、时代特色、地域语体特色、语言特色等进行忠实而准确地反映。最后根据翻译的定义，译文还要忠实于原著所起到的语境功能和社会功能，既不能夸大也不应缩小，要尽量准确地反映原著在原语境中的各种功能。

而“流畅切合”强调译文的语言应符合规范，通俗流畅，规范易懂，并且译文风格要与原著相切合。为求通俗易懂，而将孤傲高雅的文章译得淡如白水，为求规范，而将诙谐幽默的文章译得呆滞死板，或者为求可接受性强，而将内涵丰富、引人联想的文章译得居于一隅，都是不合理的。这也是为什么要在“通顺”或“流畅”后加上“切合”的原因。总之，这一标准就是要求译者在尽量符合原著规范的情况下追求与原著切近的风格。

必须要强调的是，“忠实准确”与“流畅切合”是辩证统一的，两者相辅相成。它们既相互对立又相互促进。处于首位的是内容忠实准确，而风格的流畅切合处于从属地位、次要地位。但次要并不意味着不重要，忠实而不流畅，读者就不愿接受，也达不到忠实的作用；流畅而不准确，脱离了原著的内容与风格，就谈不到切合，也失去了流畅的意义。忠实而准确的译文往往是流畅而切合原著风貌的，而流畅、切合原著风貌的译文才会是准确而忠实的。我们将英语译为汉语时，往往不容易达到这两个标准，或是顾及了忠实准确而不够流畅切合，或足够流畅切合时，则不够忠实和准确。这有可能是因为原著比较复杂深奥，做之难做，不好表达，或是译者水平不高不能表达。

另外，根据原著类型的不同，对标准的侧重也不太一样。政论性、批评性作品要求更注重忠实准确，以保证其科学精确性和政治严肃性，而文学性、艺术性作品强调风格流畅切合，以充分展现原著与原作者风格，起到推广、丰富文学文化的作用。

第四节 英语专业翻译教学的意义

一、英语专业学生翻译能力的重要性

翻译能力主要指的是母语及非母语使用者针对某类语言句法以及语义应用规范的掌握。这一能力可看作交际能力表现形式的一种，不仅包括翻译，而且需要使用者知

道如何翻译。《译学辞典》中对翻译能力做出了如下界定：将原语语篇翻译为需求语篇的能力，对译者的翻译思维能力、双语能力和文化素质等有所要求。翻译能力不仅是指用来翻译的手段，而且更是译者在翻译时为了解决翻译问题而利用的语言资源。相对于其他交际能力来讲，翻译能力并不是语言学领域各个成员都具备的一种能力，只有掌握一定翻译技巧和有实践经验的人才能完成翻译工作。翻译能力是用来评价译者能力的重要指标，传统翻译理论认为翻译和技能是相同的。例如，有人便将能力定义成是复杂知识和技能的集合，这个概念没有与其他语言技能，如听、读、写等明确区分开。而翻译能力是在译者知识库不断丰富的基础上发展起来的，因此在定义翻译能力时，需要考虑到其他相关因素。应意识到翻译为语言应用能力，该能力的培养离不开教学和实践。

影响学生翻译能力的主要因素包括以下两种：第一，语言文化上的差异。在翻译过程中，翻译对象与基本单位是语篇，由于英语读者与汉语读者生活的文化环境不同，在知识结构上存在一定差异，对语篇中信息的接收和理解也会不同。在培养英语专业学生翻译能力时，需要充分考虑英汉两种文化间的差别，并通过解决语言鸿沟，来实现翻译能力的提高。第二，语言基本功。语言基本功同样会对学生翻译能力产生影响。翻译能力涉及多方面知识，包括译者英语知识和汉语知识，要求学生掌握的汉语知识有语法、逻辑和修辞等，而英语知识除了语法、逻辑等，还需要不断学习各种基础知识，并将这些理论知识应用到翻译中。如果学生语言基本功较差，则会对翻译能力的培养造成不利影响。上述主要是对翻译能力的影响因素进行了阐述，而在对英语专业学生翻译能力进行分析时，还需要对翻译能力的特性有所了解。在翻译领域已经达成翻译能力是由相关成分能力共同组成的这一共识。这些独立构成成分在翻译过程中有重要作用，是翻译教学效果实现的基础条件。为了加强学生翻译能力，在制定翻译教学大纲时，需要充分考虑这些相关成分的作用，以便保证翻译教学方案的设定合理性。有研究学者进一步对翻译能力特征展开了探究，指出翻译能力主要体现出复杂性、近似性、历史性、特定性、开放性以及异质性等特征，这些特点贯穿在翻译的整个过程。

具体来说，复杂性是翻译相对于其他学术领域来讲最为显著的特征，此外便是它的异质性。翻译对不同译者和不同情况来讲，对译者翻译技巧的要求有所差异，如商界、法律界对译者应掌握的知识水平是一致的。对于译者来讲，不需要掌握所有领域的技巧，只需要在某一领域具备能有效翻译语篇的能力就可以了。译者的交际能力、知识储备能力以及理解能力等会在译者翻译过程中起到必要作用。翻译这门学科还具有开放性特点，对语篇翻译标准没有明确规范，从这一角度来讲，在对译者翻译能力进行评价时，还需要考察他们的创造性，学生接触的新材料、新知识越多，则灵感越多，译文也会展现出译者风格。在实际翻译中，上述提到的翻译特征通常是同时存在的，同样是考察译者翻译能力的重要评价指标。

基于翻译能力的基本特征，可观察到翻译能力中还包括一些联系紧密的次能力，这些能力对于不同译者来讲有所差异，但是这些能力缺一不可，以便保证翻译工作的顺利开展。可将翻译过程中需要体现的能力分为语言能力、文化能力、转换能力和文本能力等。其中语言能力属于翻译过程中的一个必要能力，可体现出译者对翻译技能的掌握水平，在具体翻译过程中，需要保证翻译的灵活性，不能仅依靠字典进行翻译，还需要结合语境进行调整。文化能力的作用不言而喻，一些语篇的翻译与文化差异有紧密联系，文化的专业术语将会为译者带来一定的翻译难度。文化能力要求译者有较强的洞察力，进一步调整文化差异上的内容。译者自身具备不同的文化能力，但在解决翻译问题时会按照母语文化模式进行，部分译者不能有效区分母语与目的语间的文化差异，但应有将两者区分开的自主意识，从而避免翻译中的错误。

转换能力是译者具备一定翻译能力的关键，这一能力指的是在进行文本与文本间的转换时，需要借助相关的技巧和策略。译者可能具有丰富的知识、较强的个人能力和一定的语言技巧，但是只有在具备较好的转换能力的基础上，才能展现其他能力在翻译过程中的作用。只知道翻译方式是不够的，需要在实践中加强译者的理解能力、表述能力和翻译技巧的选择能力。除了上述翻译过程中需要具有的能力，还应认识到能力间的关系。简单来说，上述能力可在一定程度上同其他译者进行交流分享，而转换能力是译者特有的能力。从某种角度来说，转换能力在翻译能力中占据主导地位，运用该能力，能实现语言、文本和学科方面知识的整合，进一步满足翻译需求。对于译者来讲，只有经过不断实践和总结，才能培养出转换能力。因此，也可将转换能力看作一种动态的认知形式。学生对翻译能力的掌握，可帮助他们对国外文化和语言习惯等有所了解，并且考虑到翻译能力与其他能力间的紧密联系，当学生掌握一定翻译能力后，将势必具备较强的交际能力，是翻译能力在学生发展上重要性的体现。由此，要求教师加强对学生翻译能力培养的重视，使得学生通过加强自身翻译理论的培养，丰富翻译理论知识，来实现其综合能力的提高。

英语翻译教学与英语语法教学、阅读教学以及词汇教学间存在互补性。通常情况下，翻译教学活动大多是用来测试学生对英语词汇和英语语法的掌握程度，实际教学中，会选择单句进行翻译训练，没有真正将其当作教学重点来对待，这一教学模式在过去被称作教学翻译，旨在更好地了解学生的英语学习效果。但是，当前翻译教学不仅需要学生掌握相关的翻译技巧，还会在教学活动中引导学生树立合理的翻译观念，促使他们有着良好的翻译思维。以往的教学翻译已经为学生学习英语知识奠定了坚实基础，在这个基础上进行扩展和延伸，便形成了翻译教学，这是理论转向实践的重要环节。作为一种特殊的交际能力，在培养学生翻译能力时，不仅要求学生具有一定的双语能力，还需要他们了解足够的国外文化。尤其在信息化时代，翻译对象也朝着多元化方向发展，在翻译过程中，需要根据翻译对象和翻译内容的特点来选择翻译方式。而学生翻译能力的提高只能在翻译教学作用下实现，所以应认识到翻译教学在学生翻译能力提高中的重要意义。

二、新时期英语专业学生的翻译能力

在对新时期英语专业学生翻译能力进行分析时，可首先从翻译能力的定义出发。翻译能力是指译者利用已有的技能系统以及所需知识体系，来完成翻译行为的能力。在这一定义中，重点强调了译者应具有的掌握知识的技能及运用这些技能的能力，是译者具有翻译能力的前提。国外学者 Delisle 把翻译定义为一种重新表述和解释的能力，实现这一能力的基础在于语言知识。而 Bell 认为翻译能力指的是译者需要具备一定技巧和知识来完成某项翻译活动。在对翻译能力进行研究时，发现翻译能力的构成因素具有复杂性的特点，国外研究者利用成分分析法来解释翻译能力的组成，如 Wilss 指出翻译能力是由译者接受能力、超能力构成的，特别强调了语言能力的作用。在他的观点中，译者需要在语言范围内具有一种超能力，需要译者能全面了解目的语，并能对目的语进行有效整合。Campbell 认为翻译能力主要是由译者气质、对语篇的掌握能力及其监控能力构成的，通过针对语篇内容，对翻译语句和词汇进行调整，以便达到较好的翻译效果。当前时代，对翻译能力的研究逐渐完善，不仅集中在对语言和语篇能力的研究，还应考虑到译者对国外文化的了解、翻译技巧的掌握和选择等。对翻译能力研究的不断深入，主要是受到人们对翻译能力认识水平的提高、对翻译本质的掌握以及时代发展程度等因素的影响。值得注意的是，在 Campbell 的看法中，将译者气质及译者监控能力全部归纳到翻译能力中，充分考虑了译者内部因素以及其他非智力因素对翻译能力产生的影响，使得这一领域的研究有所突破。

而国内对翻译能力领域的研究起步较晚，较为常见的研究方法为成分分析法，在将翻译能力划分为多种构成要素后，对各构成要素进行解释，并分析其内涵和价值。杨晓荣认为翻译能力包括翻译技巧、翻译原则和语言运用能力等。文军建立的翻译能力体系包括策略能力、语言文本能力等，之后改进的翻译能力体系又加入了策略能力、理论研究能力以及自身能力等。

在对国内外有关翻译能力的研究成果分析后，可发现研究者的观点有明显差异。从一定程度上看，观点的差异性是由翻译技能构成要素多元化和研究进展不一决定的。由于翻译行为、翻译过程较复杂，目前针对翻译能力的界定和识别还无法达成共识。总的来讲，人们在翻译实践中发现翻译行为涉及多种能力，对翻译有了更加全面的认识，得到的理论也更具科学性。尤其是加强了对语言能力及转换能力的重视，进一步扩展了翻译能力组成。在职业能力方面，研究者从自由职业译者这一角度来展开研究，表明翻译能力还与译者职业和专业能力有关。这种将翻译能力与技术、译者职业结合起来的研究手段能体现翻译特征，有利于人们真正认识翻译能力并进行针对性的能力培养。对于英语专业学生来说，他们的翻译能力主要需要通过翻译教学活动的开展来提高，并在实践中掌握翻译技巧。新时期，英语专业学生的翻译能力主要体现在单句的翻译上，大多学生可利用已有知识，得到准确的翻译成果。但是在整篇翻译上，不仅对学生词汇量和语法知识有所要求，还需要他们能结合文化背景和目的语的语法习惯等，进行整篇的翻译，对学生翻译能力有更高要求。这种情况下，学生在翻译过程中，通常会出现翻译效果不显著的特点。学生翻译效果不显著，主要是因为学生的文本能力、文化能力、转换能力等翻译能力的主要构成部分还较差，在进行语篇翻译时，体现出能力上的不足。针对这一问题，高校英语翻译教学正逐渐转变教学模式。根据翻译领域对人才的需求，应注重学生在语篇翻译上的培养，以便提高学生与翻译能力相关的其他能力，促进高校翻译教学的良好发展。

另外，在评价译者翻译能力时，还应重视译者的心理和生理能力，深入到译者自身因素来确保研究结果的有效性。PACTE（process in the acquisition of translation competence and evaluation，翻译能力习得过程和评估）小组构建的能力模式中，便将译者心理和生理因素等作为翻译能力的关键组成部分，为之后的研究提供了新的思路。随着翻译能力研究的深入，译者对语篇主题的掌握能力逐渐成为研究热点，大多研究者将译者对主题的把握看作翻译能力中的重点组成部分。例如，BeH 的翻译能力组成体系中，就考虑了主题知识与翻译能力之间的关联。同时，针对翻译能力领域的研究还体现出重视翻译行为发生环境这一趋势，研究者观点表明，译者应具备分析翻译环境的能力，以及收集适用于翻译环境的相关资源的能力。而 Orozco 认为，语言能力主要指的是译者结合翻译环境的需求来应用相关知识和专业技能的能力，同样说明了对翻译环境的把握能力在译者翻译能力提高上的重要性。从这一角度出发，在对英语专业学生翻译能力进行分析时，需要从学生个人特点出发，采取合理的评估方法，将学生心理能力、生理能力看作必要的评价指标，全面分析新时期英语专业学生的翻译能力。通过对学生翻译能力进行详细分析，可观察到对英语翻译有较大兴趣的学生，通常具备较强的翻译能力，并且能快速接受翻译教学内容，将其应用到翻译实践中。新时期，学生翻译能力相对较高，主要是由于高校翻译教学正不断发展完善，充分重视学生在教学活动中的主体地位，为学生制定了合理的教学方案，促进了学生翻译能力的提高。

翻译能力包含多种构成要素，为了最大程度发展学生的翻译能力，应对这些要素的主次关系有所了解，进一步明确学生的发展方向。在翻译能力构成中，始终存在一种能力占据核心地位。因此，在学生翻译能力培养方面，需要在平衡发展学生能力的基础上，重视他们核心能力的提高。核心能力的明确有利于翻译教学过程中抓住重点，保证学生具有较好的翻译能力。在翻译能力多种构成要素中，转换能力对翻译能力的影响较为突出。学生翻译能力整体上体现出以转换能力为主的情况，即转换能力能代表其他能力的强弱。除了认可转换能力在翻译能力中的重要地位，还需要重视转换能力对于其他能力的统协作用，如对语篇能力、文化能力和语言能力的协调整合。现阶段，高校翻译教学逐渐将教学重点转变为对学生综合能力的培养，尤其是学生翻译能力在学生英语知识学习上重要性的突显，使得高校加强了对翻译教学的重视，并要求教学根据翻译能力构成要素，逐渐形成以培养转换能力为主，同时培养学生的语言能力、语篇能力和文化等能力的教学模式。实际上，可被转换的内容包括语言的、语用的、语义的等多个方面，在转换过程中，需要译者利用自身已有的多种能力，适当地选择翻译策略。在翻译教学发展完善的基础上，为学生翻译能力以及其他相关能力的提高创造有利条件，使得现阶段学生翻译能力能满足相关领域对人才的需求，并且学生翻译能力不仅体现在语篇、语义和语言等相对外在的能力上，更体现在他们自身内部能力的提高上，对学生未来发展有重要意义。

通过对翻译能力加以界定，可进一步对学生翻译能力培养的侧重点有明确掌握，并制定合理的翻译教学目标，实现学生翻译能力得到良好培养的目的。在明确学生培养的主体方向后，可再次根据翻译能力的组成因素，细化教学模式和教学手段。培养学生翻译能力就是对学生多种能力的共同培养，充分发挥翻译教学在学生发展中的重要作用。另外，对翻译能力中的核心组成部分进行明确，可帮助教学主体把握教学活动重点，明确教学核心目标。而对语言能力以及翻译能力加以区分，有利于在教学过程中学生不同能力的提升，最终实现学生总体能力有所增强的目的。总的来讲，翻译能力的复杂性决定翻译教学的整体性和综合性。促使新时期英语专业学生具备较强的翻译能力，并在充分掌握翻译技巧与翻译策略的基础上，自觉地进行自身在语言、语用和转换能力等方面的发展，在长期的翻译实践下，保证自身多种能力的平衡发展，是翻译教学在学生综合能力培养方面发挥积极作用的体现，有利于学生更好地掌握翻译知识。

第三章　英语翻译教学概述

第一节　英语翻译教学的现状

一、翻译教学目标的现状

翻译教学目标的明确是开展教学活动的前提，对翻译教学效果的实现有重要作用。现阶段翻译专业水平考试做出如下要求：二级笔译翻译和口译翻译应体现一定的文化知识以及较好的双语互译能力，能完成一定的翻译工作；三级口译及笔译翻译需要具备基础的文化知识以及一般的互译能力，可胜任一般的语篇翻译。其中三级翻译水平类似于对英语专业优秀学生或者英语专业翻译方向学生的要求，根据翻译专业职位试行条例规定，通过三级翻译考试者可应聘助理翻译，完成难度相对不大的翻译工作。从事口译员工应做到基本传达双方意愿，语调和语音基本准确，笔译者需要呈现一般难度的翻译内容，保证语法基本准确。而通过二级翻译考试的人员可独立完成本专业的笔译或口译工作，要求译文准确，语言流畅。从对翻译人员能力的要求可认为，高校翻译教学专业的主要培养目标在于使得学生能获取翻译专业的中级资格证书，使他们能从事一定难度的口、笔译工作。

进一步对高校翻译教学目标进行研究时，可得到以下结果：首先对于北京外国语大学来讲，英语专业不仅培养英语语言基础和英语交流能力，还需要学生掌握交际学基本理论，国际法、政治学相关知识以及外生、外交技能，从而为翻译行业提供复合型专业人才。在翻译教学方面，利用高校优势，由英语系进行英语基础知识教学，以便使学生接受较为系统的英语训练，掌握听、读、写、译等多项技能。其次对于北京第二外国语学院来讲，英语专业主要以培养专业化、应用型翻译人才为培养目标，以语言技能提高和翻译基本功训练为宗旨，通过扩展学生认知结构、知识面，加强学生翻译意识，并提高他们独立思考和知识运用的能力等，保证学生具备较强的翻译技能和完善的知识结构，可胜任国际范围的文件翻译工作，或者承担新闻媒体、外贸等行业的翻译工作。而河北师范大学该专业的研究方向主要为英语语言理论和教材教法等。通过对各高校网站资料的收集分析，可发现目前各高校翻译的教学目标不一致的特点，有的重视复合型人才，有的强调学术型翻译人才的培养，可满足各领域对翻译人才的需求。

二、翻译课程设置的现状

现阶段，各高校外语院系都将翻译设置为一门高年级开设的专业课，我国翻译教学和翻译事业已经取得了明显发展，但是在翻译课程设置方面，还与传统课程模式基本相同。在对目前课程设置上存在的问题进行分析时，了解到主要体现在课程分类不全面、课时数少等，造成翻译教学不能满足翻译行业多元化的需求，并且课时数少，使得教师无法有效完成教学计划，尽管翻译教学作为一门必修专业在高校开设，但是学生翻译水平还没有达到翻译训练标准。为了促进翻译教学的良好发展，有必要加强对高校翻译教学课程设置的研究。以北京外国语大学为例，本科为四年，针对学生进行全面的翻译训练，并在学生具备一定的听、说、读、写、译等能力的基础上，为他们提供外国社交、文化和法律等多个方面的选修课程，进一步促使学生具备较广的知识面和较好的翻译水平。北京第二外国语学院主要综合英语交际能力培养、听力训练、理解与写作、口译基础知识、笔译基础知识和同声传译等方面进行学生翻译能力的培养。通过对各个高校课程设置进行研究，可发现目前翻译教学课程分类比较丰富，在英译汉、汉译英的基础上又增设了笔译课和口译课，但是部分院校还存在翻译课程单一的弊端，特别对非翻译专业的教学来讲，对翻译教学的重视程度不够。如河北经贸大学的翻译课程设置在翻译史、译文欣赏和翻译理论等内容上的涉及较少。虽然目前高校都重视口译课的设置，但实际教学效果不理想，产生这一问题的原因为学校基础设施落后和师资力量不够等。随着文化全球化的深入，学生对翻译课提出了更高要求，为了加强对学生翻译能力的培养，有必要重视课程的合理设置。

另外，在课时安排方面，大多院校选择在大三、大四年级开设口译课，每周两学时。英语专科翻译课通常安排在大三年级。国家教委要求高校英语课程教学应主要分为两个阶段，分别注重对学生基本翻译技能和翻译相关英文资料等能力的培养。在已经设置翻译课程的高校，翻译课时数几乎很少满足国家教委对翻译课时的要求，当课时安排发生冲突时，容易造成大部分院校过于重视英译汉教学的情况，导致人才培养与市场需求间存在差距。

三、翻译教材现状

目前的翻译教材一般都会涉及翻译理论知识（翻译技巧和基本技能）的讲解，而这些基本理论的讲解对翻译的初学者来说是非常必要的，俗话说“没有规矩不成方圆”，因此对于初学者来说，如果没有一定的翻译技巧和技能的指导与培养，他们便不知道如何才能更好地翻译，也不知道自己的翻译是好还是坏。然而，由于目前高校所使用的翻译教材不太容易进行举例教学，且其中的文学类例子较多，对于翻译初学者来说较为困难，而适合他们的简单的、基本的例子则相对较少。同时这些教材还存在一定的滞后性，教材内容大多滞后于时代的发展，因而缺乏合适、时代性强、信息性强的翻译例子。在这样的情况下，学生会因为教材内容较难或较乏味，不能引起他们学习英语翻译的兴趣而厌学。最后，从教材设置上来看，大部分的教材都更加重视学生听、说能力的提高，对于学生听、说能力的培养也都有专门的辅助教材，而提高学生翻译能力的辅助教材的数量却相当少；在教材中，翻译练习的数量也较少，即便有练习，也大多为汉译英练习，也就是说学校在学生翻译能力培养的认识上存在一定的误区，使得不少学生只要提到翻译，就会下意识地认为是将汉语翻译成英语，却在很大程度上忽略了英译汉能力的提高。调查发现，在非专业英语教材中，基本上很少甚至没有提到英语翻译的技巧及理论问题，这就使得很多学生只知道翻译实践，却不重视翻译的技巧及理论指导的学习。

针对上述情况，建议教师首先要确立“翻译作为语言基本技能来教”的指导思想，充分利用精读教材所提供的语言活动材料，把翻译知识和技巧的传授融入精读课文的教学中，有意识地培养学生的翻译能力。例如，教师可以在每篇课文中选取一些句子或段落对学生进行有针对性的翻译训练，通过原文与译文在词的语义、语用、句子结构、语篇布局等各个方面的深层次对比分析，使学生理解翻译知识和技巧，还要辅以适当的补充练习，使学生在句子和语篇层面上加强翻译训练，做进一步的消化巩固。练习的形式可以是多种多样的，课内的，或是课外的，独立思考，或是开展讨论等。这样的翻译教学是有的放矢的，也应该是行之有效的。当然，对学生翻译能力的培养不应只依赖单方面的翻译知识的传授和技巧的训练。听、说、读、写、译五种语言基本技能不是孤立的，而是相辅相成的。在语言教学中，培养翻译能力还要从其他诸多方面着手，如通过加强词汇和语法教学，夯实学生语言学习基础；通过加强精听、泛听、精读、泛读训练增加学生的语言输入，为语言输出做好质量上的前提准备；通过加强中西方文化的对比分析，培养学生语言学习和运用中的文化意识，提高文化素养；

等等。

在教学活动中，教材是教师制定教学内容和教学方案的重要依据。我国目前的翻译教材在种类和数量上有了一定改进，新闻翻译、机器翻译等教材被应用到实际教学中。但是翻译教材质量不一的问题，同样会为教材选择带来难度。张美芳曾对一段时间内使用的教材进行分析，将其分为词法流派教材和功能流派教材，通过利用理论和实践相结合的翻译教材，可有效增强学生实践能力和翻译素质。相关统计表明，我国在翻译教材出版方面已经取得了一定成绩。从目前出版的翻译教材来看，适用于翻译专业的较少，大多教材还存在练习形式单一、练习取材不广等问题。在对常用的教材进行调查时，排名较前的包括《英汉翻译教程》《汉英翻译教程》等，同时教师除了利用上述基本教材，还搭配其他教材使用。调查结果表明，实际教学中以实践类教材为主，注重训练学生翻译技巧，在翻译理论等知识上的讲解较少。例如，《英汉翻译教程》只在第一章介绍了翻译史，课时大多安排给翻译实践。因此，很少有高校将翻译理论教材应用到教学中。在翻译资格考试逐渐出现的情况下，目前教材中对于学生应试能力的培养有所凸显，在翻译教学中的应用越来越多。总的来讲，现阶段翻译教材形式单一、难度等级等不足，是阻碍翻译教学取得良好效果的主要原因。因此，要求教师在教材选择上，要结合课程需求和教学目标来合理选择，以便充分发挥翻译教材在教学活动顺利开展中的积极作用。

四、教学内容现状

随着科学技术的快速发展和社会的不断进步，今天已经处于一个经济、文化多元化发展的新时代，人们的思想意识和观念也随之产生变化，这种大氛围的改变使得学生的思想、个性也从根本上发生了深刻的改变，从而需要更丰富、更新鲜的教学内容来刺激他们的神经，激发他们的学习动力。但是在今天，大部分院校的英语翻译教学内容仍旧大量沿袭和采用传统的教材，这些传统教材的专业性一般都较强，且比较偏重于理论，也不能反映现代社会的社会现实。同时，能够反映时代信息的科技、外贸、影视、媒介、法律、军事等题材的教材很少。这种情况下，学生不仅无法掌握更多的相关专业知识和专业术语，传统教材也给学生的翻译学习和实践造成很大的困难。

此外，有的学校给所有专业的学生配备了同一本翻译教材，而不同专业的学生对英语翻译的需求也是不同的，因此这种情况不仅不能满足各个专业的教学需求，反而会导致学生学不到和自己专业相关的语言知识，更不用说学到更多的翻译技巧了，同时学生的学习兴趣就会降低，学习的积极主动性也受到很大的打击。可见，在现代社会环境下，英语翻译教材的内容是否新鲜和全面都会在很大程度上影响学生的英语翻译学习，以及英语翻译能力的培养和提高，所以使英语翻译教学内容与时代同步已经成为发展英语翻译教学刻不容缓的重要举措。

五、师资建设现状

大学英语教师队伍中，相当一部分是从学校到学校的教师，他们的翻译实践很少甚至为零，根本不知道如何捕捉翻译的时代脉搏，从而导致了学生所学与社会所需严重脱节，而翻译教学思想应该反映时代的特征，体现翻译所肩负的重大使命，这是翻译教学最基本的价值观。另外，国家为了满足高等教育大众化的需要和经济发展的要求，高等教育的规模按每年 8% 左右的速度继续发展，目前英语教师和学生之比已达到 1：1300，师资紧张直接导致班级规模日益扩大。授课班级过大、学生多，不少教师难以因材施教，只能以“满堂灌”的形式来开展课堂的翻译活动。此外，迫于平时工作繁忙，科研任务重，教师没有足够的时间和精力进修或自修以提高自身的素质和业务能力，以其昏昏，怎能使学生昭昭呢？学生的翻译能力可想而知。

师资建设对教学目标的实现有一定影响，在对国内翻译教学现状进行分析时，需要充分考虑高校的师资力量。相关调查结果表明，大部分教师认为翻译教学难度较大。造成这一现象的原因主要是教育界对翻译教学重视程度不够。翻译师资主要存在年龄比例不科学、教师数量少等问题。而随着翻译教学的不断发展，翻译师资队伍综合水平也有所提高。首先，翻译教师结构愈加合理化。在高等教育持续发展的背景下，教师结构比例实现了合理调整，高校加强了对中青年教师的重视。其次，教师自身综合素质有待提高。教师工作环境相对封闭，容易导致知识结构老化，无法满足社会需求。调查发现，较多院校会为翻译教师提供国外培训的机会，是解决教师专业能力不足问题的有效措施。还有专家指出目前翻译教师还缺少相应的学术训练，要求教师理论水平和实践能力不断提高。在现有师资队伍中，还有教师缺少实践经验，口、笔译能力较差，这种教师能力的偏差，将势必影响翻译教学效果。最后，在学术成果方面，以往评价教师科研水平的指标主要是论文和论著数量，目前与翻译相关的论文有明显增长。但是教师的实践经验和翻译过的作品通常在评职称时不被考虑，使得教师更加注重论文写作，忽视在翻译实践中提高自身水平。从翻译教学发展趋势这一角度出发，我们认为有必要将实践经验归纳到科研成果中，以此促进教师积极参与到作品翻译中。

六、教学方法现状

教学方法对教学效果有决定性作用，多数教师采取单句翻译和篇章翻译结合起来的教学方式，并重视练习材料的多样化，促进教学活动与市场教学间的联系，使得学生技能水平可满足市场需求。为了培养应用型翻译人才，教师会总结学生常见的翻译错误，讲解翻译的内在规律，保证学生对翻译教学有明确认识。总的来讲，教学方法的适当选择是保证教学活动高效开展的必要前提。目前，翻译教学方法主要存在以下不足：第一，教学方法单一。以往翻译教学中，教师大多采取师生相传的教学方法，在讲解技巧后，让学生做相关练习，并在逐字逐句检验答案的过程中传授翻译技巧。这种教学方法在一定程度上限制了学生翻译能力的提高，造成学生在翻译实践中无法采取科学方法。因此，要求教师及时进行教学方法上的创新，如北京第二外国语学院便利用“翻译工坊”这一教学模式，是教学方法的一大突破。第二，教学手段落后。翻译教学长期依靠一本教材、一块黑板的方法进行教学。随着多媒体技术的出现，极大程度地丰富了翻译教学内容和教学手段。但是翻译教学手段还较为落后，仍然有大量教师仅将多媒体作为电子黑板，教学方法没有实质上的创新，是需要尽快解决的问题之一。通过上述阐述，可发现现阶段高校翻译教学现状主要体现出教学目标不明确、教材质量不一、师资队伍综合水平不够等问题。针对这些问题，要求高校加强对翻译教学的重视，并从上述方面着手，尽可能实现翻译教学的良好发展，进一步提高学生翻译能力。

翻译作为一种具体实用的教学手段，被适度而合理地运用于外语教学实践中。随着中国与国际交流更加频繁，使得综合素质高、专业精通、外语扎实、具备较强翻译能力的实用复合型翻译人才日益受到用人单位的青睐。

七、翻译教学理论和实践的关系现状

笔者认为，能够帮助学生对翻译的原则形成较为健全的意识，并能使其自觉地将所学到的翻译知识运用于自己的翻译实践，是翻译教学最重要的目标之一。而这种健全的翻译原则意识很明显地只能建立在某种健全的理论基础之上，所以任何一种严谨的翻译教学都要以中肯的理论作为指导。和其他课程相比，翻译课的实践性较强。因此，翻译教学不能只局限在教师讲解或学生练习的单项活动的层面上，而应是教师讲解理论知识，学生实践练习的一种较广泛的教学行为。作为一名初学者，他所学习的理论知识一般只涉及翻译操作的一些基本知识和技巧，所以有时候教师会感觉到初级翻译课程没什么可讲的，他们会将大部分时间留给学生去进行英语翻译练习。而相对于这门课来说，翻译练习确实需要占用很多的时间，所以如何组织学生进行翻译练习，如何调动学生练习的积极性，如何激发他们的兴趣和培养合作精神，如何让他们主动而不是被动地参与练习，是翻译教师们需要摸索和探讨的问题。学生接受事物的能力存在一定的差异，所以选择翻译材料的难易等问题都会影响到教师的课堂组织与管理，在学生进行翻译实践的过程中，他们基本没有或很少将理论运用于实践中。因此，如何选择翻译材料就成为教师必须考虑的一个问题，如果翻译材料较为简单，就不易引起学生足够的重视；如果翻译材料太难，又会让学生失去翻译的兴趣，甚至会导致学生放弃翻译。可见，英语翻译教学中诸如此类的因素常常会直接或间接地造成教师的理论讲解和学生的实践练习结合不起来，或者使学生在实践中不能将已学的理论知识和实践结合起来，使得理论与实践相脱节。

八、教学与测试的关系现状

当前，由于缺乏统一的英语翻译教学的教材和教学大纲，各学校在教学安排上也具有较强的随意性，这也就导致了英语翻译教学重点不突出，翻译能力测试评估不规范，翻译教学内容覆盖面较窄，翻译测试目的不明确，缺乏较为统一、客观、科学的评价体系的依据，且在测试中常常不会涉及学生翻译的技能测试，也就导致学生认为考试不考，所以也不会学习，造成最终无法巩固所学知识的局面，即翻译教学和测试不同步。此外，从四、六级考试上来看，英语翻译考试只占到了四、六级整体考试分数的 5%，而听力及阅读理解占的比重很大，这也就导致学生对翻译学习的倦怠，甚至完全没有把翻译能力重视起来。

九、学生个人翻译素质的现状

（一）学生个体素质的差异性对翻译教学的影响现状

大学英语是一门公共必修课，它针对的是非英语专业的大学本科学生，学生的个体存在较大差异，他们的总体英语水平也不尽相同，所以会对英语翻译教学有不同层次的要求。而学生的个人英语水平也直接影响翻译教学的效果，这并不是说学生英语水平高，翻译质量就高，而是说假如某学生有较好的词汇功底，并能在听力、阅读、书面表达等其他方面都有较高水平的表现，那么他的翻译教学效果就应该会比较好；假如某学生的英语水平较低，他想要达到预期的翻译教学效果也会比较困难。

（二）学生的英语功底现状

1. 学生英语功底不扎实

近年来，我国高校不断扩招，从某种意义上讲，如今学生的平均综合能力水平不如以往。学生英语基本功不扎实，给教师的翻译课程教学带来一定的困难。颁布于2004年1月的《大学英语课程教学要求（试行）》（以下简称《要求》）对大学生的英语翻译能力提出了广泛的要求。《要求》提出，高校大学生应能借助词典对题材熟悉的文章进行英汉互译，英译汉的速度应最慢为每小时300个英语单词，汉译英的速度应最慢为每小时250个汉字。大学生翻译的译文应基本流畅，并可以在进行英语翻译时使用一定的翻译技巧。根据目前的调查发现，尽管我国对大学生的翻译能力提出了具体要求，但是这一要求对今天已经学完大学英语教材的学生来说还是有一定难度的。在大学英语翻译教学的实践活动中，常常可以看到这样的现象：一方面，学生能够明白某篇英语文章，以及文章中的某些段落和句子的意思，要他们做阅读理解或选择填空这种客观性较强的练习时，他们可以很好地完成，但是如果要他们用母语（汉语）将这些英语文章或段落、句子准确地翻译出来，就比较困难了。大多数学生在进行英语翻译时，常常会拘泥于原文句子的结构和词序而对其进行直译。另一方面，如果需要将汉语翻译成英语，这对学生们来说困难就更大了。而学生的英语翻译水平在很大程度上影响了他们对语言的学习及其他能力的培养，也在根本上制约了学生英语翻译水平的提高。

翻译能力是语言综合运用能力之一。然而，从被公认为可以衡量英语学习者水平的一些大型标准化语言测试可以看出，学生的翻译能力有待提高。

首先，部分学生不能正确选择词义或者根据上下文引申词义，从而造成译文理解上的障碍，甚至闹出笑话。

其次，部分学生汉语译文的词序拘泥于英语原文的词序，在英汉表达习惯不同的情况下，常出现一些牵强、别扭的译文。

最后，英语中被动语态使用较广，学生翻译这种句型时经常译成“××被××”，使译文生硬。

从平时学期考试和历届四、六级考试的成绩看，学生的实际翻译水平亟待提高。很多学生的翻译测试部分交了白卷或胡写乱画，这直接影响了他们的整体英语水平。对学生的调查问卷结果显示，越来越多的学生已经意识到了这个问题，并由此产生了极大的焦虑心理和畏难情绪。同时，学生在翻译练习实践中也暴露出了很多不足。很多学生在平时学习过程中钟情于林林总总、五花八门的教辅书，对老师布置的课文或句子翻译练习，直接在教辅书上对一下答案了事，不进行仔细的推敲和揣摩。就是在做模拟试题时，也是跳过翻译部分，或草译一下便急于核对答案，结果当然可想而知。这样的学生惰性较强，只寄希望于老师讲解，不愿亲自下功夫实践，只是盲目焦虑，依赖心理重。另有一部分同学认识到了自己的翻译能力不足之后，非常重视，对平时的翻译学习和操练也持认真的态度。可是他们没有找到适合自己的学习方法，或找一本翻译理论书硬啃条条框框，或稀里糊涂地做一大堆练习而不善于及时归纳总结知识要点，更不懂得将翻译学习与其他技能的提高互联，其结果是感到翻译学习事倍功半，又产生了抵触情绪。这都不利于翻译知识的学习和翻译能力的提高。

2. 学生对英语文化不甚了解

目前我国的学生对英语文化知识的了解较少，这也是造成他们在进行英语翻译时语误频频的重要原因。

调查发现，现阶段我国大批院校在英语翻译的教学中对与英语相关的文化知识重视不够，这就使得学生对西方民族文化的习惯、信仰以及价值观等方面的背景知识文化不甚了解；同时，在英语翻译学习中学生也没有进一步地去了解英语单词在不同句子中的不同意思，使得他们只会按照字面上的意思去进行英语翻译。举例来说，英语单词 help 最普遍的意思是“帮助”，但是它在不同的句子里有不同解释，拿“Please help yourself to some pork”这个句子来说，意思是说“请随便吃点肉”，help 在这里充当的是句式的一部分，因此不能拿来单独翻译；而“The medicine helps a cold”这个句子指的是“这种药可治疗感冒”，可见在这个句子里也不能直接地将 help 翻译成“帮助”，而要依据上下文的意思进行翻译，在这里译成“治疗”就比“帮助”更加确切。因为学生们对西方文化缺乏一定的了解，再加上汉语语言习惯和思维惯性的影响，在具体的英语翻译实践中，常常会造成对英语的误解，致使出现翻译语误。例如，在“You are a lucky dog”这个句子中，就不能将 lucky dog 翻译成“幸运狗”，而应将其翻译成“幸运儿”，之所以这么翻译，是因为在西方国家里，狗被看成人们的好朋友，所以也就有褒义。此外，在学习英语翻译的过程中，学生也常常会因为对西方语言环境及文化的不了解，而译出一些中国式的英语，从而闹出笑话，类似的例子有将“好好学习，天天向上”翻译成“good good study，day day up”，将“给点颜色瞧瞧”翻译成“give some colour see see”等，产生这些现象的根本原因往往是由于学生对西方的思维方式、表达习惯等不了解。

第二节　英语翻译教学的思考

一、完善英语课程设置体系

无论教授什么内容，首先必须有一个科学合理的、宏观的课程体系，对整个课程的实施进行宏观的指导。2007 年教育部颁布修订后的《大学英语课程教学要求》对非英语专业本科生的英语能力提出了“一般要求”、“较高要求”和“更高要求”，对听、说、读、写、译分别规定了量化指标，体现了层次性、灵活性和选择性，这便于各个高校根据实际情况制定出适合于本学校的行之有效的教学大纲。但是大学英语翻译教学缺乏整体规划和设计，使得教师在教学实际中难以实施。因此，我们应该首先完善大学英语课程体系。

英语课程体系应该跟上时代发展的步伐，在课程设置上需更加注重市场需求和学生实际应用能力的培养。大学英语课程设置不应简单地分为听说课和读写课，应该设有翻译课。大学英语基础阶段学时有限，也是学生打基础的阶段，不必单独开设英汉翻译课。但到了第二学年，可以为学生举办翻译讲座或开设翻译选修课，讲解一些基本的翻译理论和技巧，鼓励对翻译感兴趣的学生进行自主训练和深入学习。

二、优化英语教材

为了有效地提高教师的翻译教学水平和学生的翻译能力，编写适用于非英语专业的翻译教材迫在眉睫。这种教材应当有别于英语专业学生使用的翻译教材。因此，在组织大学英语翻译教材的编写过程中，应充分考虑“难易程度是否与师生水平相适应”以及“教材自身的系统性”，编写出知识、理论和技能训练于一体的有针对性、科学性的系列教材。笔者认为，应当将英汉对比和应用翻译列为本教材的主体，适当增加篇章翻译、各类文体翻译、文化与翻译、修辞与翻译，不同题材、不同风格的译文赏析等内容。翻译课离不开理论与实践，作为非英语专业的翻译教材，翻译理论应当简明扼要，翻译的基本知识、原则及翻译技巧都可以简洁明晰，重点在于培养和提高学生的实际翻译能力，所以各章节后需附有相关的翻译练习，通过大量的课堂讨论与实践使学生掌握各种翻译技巧，培养其实际应用能力，以便对今后的学习和工作有所帮助。

三、更新英语翻译教学模式

翻译教学的核心任务是培养学生的翻译能力和强化学生对翻译的认知，关于翻译能力，刘宓庆先生做过较为明确的论述。他将翻译能力分为五大方面：语言分析和运用能力、文化辨析和表现能力、审美判断和表现能力、双向转换和表达能力、逻辑分析和校正能力。就大学英语翻译教学而言，可以将翻译理论与翻译技巧穿插在翻译实践之中。英汉互译的方法有许多种，教师应该把基本的方法介绍给学生，以提高学生的翻译能力。常用的翻译方法有直译法、意译法、直译与意译结合法、增译法、删略法、词类转换法、逐句拆译法、替代法等。这势必对教师提出了更高的要求。教师首先要努力丰富自身的翻译理论和技巧知识，这样才能有效提高翻译教学的水平和效果。翻译理论的指导性在于减少实践的盲目性、因循性，从而提高科学性、功效性。我国的许多翻译理论都是从翻译实践中得来的宝贵经验，对于指导实践十分有效。同时，许多国外的翻译教学理念也为国内的翻译教学提供了借鉴。

在翻译训练的体裁上，除了传统的文学翻译，还应加大应用文翻译的比重，包括科技论文、政府文件、新闻报道、商贸信函、产品说明书等。在教学过程中，以学生的需求为中心，使教学内容多变，教学方法灵活、多样化，最终使学生在整个学习过程中主动并且积极地掌握翻译的基本理论和技巧，提高自己的翻译能力。21 世纪是一个国际化的高科技经济时代，讲授各种实用文体的翻译技巧，对振兴我国的国民经济及培养大批科技人才都具有十分重要的现实意义。

在实践中，教师应摒弃传统的“老师讲解多，学生实践少”的模式，取而代之的应是“精讲多练”的教学模式。翻译能力的提高离不开大量的实践练习，课堂上教师应充分调动学生的积极性，努力培养学生的独立思考能力，同时要引导学生自主学习，让学生利用课余时间进行翻译实践。

四、重视培养学生的语言能力

语言能力指的是语言理解能力和表达能力。翻译的过程既是理解原文的过程，又是创造性地用另一种语言再现原文的过程，而理解原文是表达的前提。以笔者所教的大学生为例，他们不仅在理解英语原文方面欠缺，即使理解了其中的意思，要他们用母语汉语表达出来也是洋化的汉语表达方式，晦涩难懂。同样，让他们把汉语译成地道的英文也不是一件容易的事，译文为中式英语。鉴于此，着重培养学生的语言能力是大学英语翻译教学的主要目标。通过翻译教学提高学生语言能力的具体途径有以下几个。

（1）通过互联网自主学习，提高自身的语言感受能力。让学生通过互联网或其他途径来构建自己的语料库，感受名作、范文的连词造句、布局谋篇，并定期、不定期地与学生交流，分享阅读后的感受和收获。

（2）课堂上开展适量的翻译欣赏课，或让学生翻译一些名家名作，然后把他们的译文与名家的译作比较，并总结心得体会。

（3）以小组为单位进行合作型翻译活动。教师可以将学生分成小组进行翻译。在一个良好的学习氛围中，学生可以充分发表自己的意见而不受约束，同学间对译文互评互改，相互取长补短，通过译文比较和讲评领悟翻译的基本原则和技巧。这不仅能启迪学生的思维，加深他们对翻译的理解和思考，同时也培养了其译文欣赏与翻译批评的能力。

第三节　英语翻译教学的重要性

一、翻译有助于写作能力的提高

翻译有助于写作能力的提高，特别是“中译英”对于学生的写作能力大有帮助。例如，“我们通常在家和地铁之间来往，这是他上班的必由之路。不管什么样的天气，无论自己的身体状况如何，他都坚持上班，从不旷工。在别人不能坚持的情况下，他也会到办公室去工作，因为这对他来说是一种自豪”翻译成“We usually stay at home and the subway between，this is the route one must take him to work. No matter what the weather is like，regardless of his own physical condition，he insisted to go to work，never absenteeism. In the case of others can not insist on，he will come to the office to work，because it is a kind of pride.”

笔者在讲完单元知识后，给学生布置了一篇与环境有关的作文，学生普遍的做法就是先将作文用中文把内容的提纲列出，如：环境对于人类的重要性有哪些；当今，我们身边环境恶化的现象有哪些；对每一项现象进行原因分析；结论，地球只有一个，地球是我们的家，呼吁全社会爱护环境要从身边做起，从一点一滴的小事做起。然后鼓励学生将每一部分翻译成英语，对框架结构进行内容上的补充，使得文章更加充实。学生在英语方面的不足主要来自母语的影响，学习英语并不是不要去想母语，而是想办法将母语与英语相结合，才能更好地服务于英语。

二、翻译可以提高大学生的阅读能力

大学生英语中的翻译，可以将这一过程分解为准确的理解、恰当的表达、校对三部分。其中的理解是表达的基础，笔者认为大学英语教学过程中，针对校对这一环节，是在对原文翻译的准确的基础上，通过口语的表达衡量学生对课文的理解程度。

如，将“Wherever they occurred，inefficiency and waste were attacked and nonessential projects were brought swiftly to an end”翻译为“他们的出现，我们要反对效率低下与浪费的现象，还要控制工程项目”。这样翻译的占15.3%。出错的原因在于学生对于“他们”涵盖的主要内容是什么并没有理解，也就是说并没有对全文加以理解，只是把字面上的内容翻译下来了而已，句子中的“效率不高和浪费现象”就是适合英语的表达习惯的。英语中，一般是名词做主语，主、从复合句中的主语相同的情况下，从句的主语是要用代词代替的。根据这一习惯，就可以看出句中所指为一件事物。我们根据语境，在译成汉语的基础上，需要根据西方英语的用词习惯和语境做调整。那么上面的句子就应翻译为“无论效率不高和浪费这两种现象发生在何处，我们都坚决地反对。还有，需要结束那些其实属于不必要的项目”。

又如，将“We believe，they died in search for a panacea to allay the winds of dogma and the gusts of revolutionary tendency towards a more peaceful，freer and more harmonious society”翻译为“我们相信，他们为了寻找一种万应灵药，以调节教条的风气，防止革命的风暴，为实现一个和平、自由、和谐的社会而牺牲生命”。分析：该译文主要存在两个问题，一是对 winds 和 gusts 这两个词在这里的比喻用法意思理解不准确，winds 在这里的意思是 something that disrupts or destroys，这一用法在一般的词典上很少提及；二是译文定语部分太长，读起来很别扭，不符合汉语表达习惯。应译为：“我们认为，他们献出自己的生命，为的是寻找一种万全之策，以减轻教条主义和革命倾向带来的动荡和破坏，建立一个更加和平、更加自由、更加和谐的社会。”

可见，良好的阅读理解能力是英语翻译的基础，英语翻译又能促进学生良好的阅读习惯的养成，对关键的词、句的推敲，可以帮助学生提高阅读水平和学习效率。

第四章　当代英语翻译的改革与发展

第一节　英语翻译教学的本体

一、英语翻译教学的目的和要求

2011年颁布的《高等学校翻译专业本科教学要求（试行）》（以下简称《教学要求》）提出以下人才培养目标："高等学校本科翻译专业旨在培养德才兼备、具有宽阔国际视野的通用型翻译专业人才。毕业生应熟练掌握相关工作语言技巧，具备较强的逻辑思维能力、较宽广的知识面、较高的跨文化交际素质和良好的职业道德，了解中外社会文化，熟悉翻译基础理论，较好地掌握口笔译专业技能，熟悉运用翻译工具，了解翻译及相关行业的运作流程，并具备较强的独立思考能力、工作能力和沟通协调能力。毕业生能够胜任外事、经贸、教育、文化、科技、军事等领域中一般难度的笔译、口译或其他跨文化交流工作。"《教学要求》是对英语翻译专业以及英语专业即将培养出的翻译人才提出明确的人才培养目标，是对翻译人才素质清晰地描述，同时解读翻译人才培养过程的文化需求。任何两种语言之间的翻译，并非一种单纯的符号之间的认知与转换，绝不是某种语言中的某个语言符号（单位）简单地对应另一语言中的某个符号，况且许多时候根本无法实现一一对应。

"跨文化交际"一直是翻译教学实践中涉及的话题，《教学要求》中也明确规定，翻译教学中应注重培养学生的跨文化交际素质，视其为"圭臬"并不夸张。从事"跨文化"研究者趋之若鹜，但即使从跨文化的视角审视翻译教学，也依然离不开汉语言文化，否则"跨文化"的概念是不能成立的。"跨文化交际"目标的设定过程中不可忽视一个重要的环节，即"交流"必须是双向的，一定要体现出双向的"流动"，既有西方英语文化的输入，也有民族文化的输出，否则便称不上"交"与"流"。因此，《教学要求》中从未忽视过翻译教学中要求学生了解"中外"文化。

二、翻译教学与汉语文化素养

Catford 认为，翻译是一种语言替代另一种语言的过程。语言承载着信息、知识、文化、思想，而这几个要素常常呈现某种递进关系：最基本、最基础的是准确无误地传达外语承载的信息、知识，更进一步则是关照文化和思想。虽然翻译教学是关于如何进行双语转换的一种教学，但是绝非仅仅教授如何通过语言符号之间的转换来表达信息和知识内涵，翻译教学的更上位要求是通过语言符号之间的转换传递，准确表达其所蕴含的思想和文化内涵。Nida 和 Taber 指出："翻译就是把言语中的信息以最切近、最自然的对等语再现传递出来"，翻译不仅是单纯的字词匹配，二者需要文化信息的传递。但是在翻译过程中，由于汉语文化缺失造成的错译、误译屡见不鲜。鲁迅在《为翻译辩护》中曾经论述，"或曰'硬译'，或曰'乱译'，或曰'听说现在有许多翻译家……翻开第一行就译，对于原作的理解，更无从谈起'，所以令人看得不知所云"。鲁迅先生意在讨论理解在翻译过程中的重要作用，中国文字背后的文化内涵博大精深，文化修养的提高是理解的重要支撑。英语翻译涵盖英译和汉译两个过程。首先，从英译来看，"直译"现象过于严重，译文无法表达原文真正含义。例如，中国传说中的"玉兔"曾被译为"jade rabbit"，译者只译出"玉兔"的基本字面概念，而没能把文化含义表达于翻译文字形式之上。尤其是 90 后、00 后新一代年轻人，在知识、信息爆炸的新时代，缺乏对信息的加工和出于对文化的玩味心态，很多时候只知其一，不知其二。在其文化渊源背景之下，"玉兔"被翻译成"moon rabbit"似乎更合时宜，也能表达其真正含义。其次，从汉译的角度来看，译者汉译的语言表达过于直白、简单、单一。对于中国译者来说，如果要真正达到交流的目的，并准确传达意义，仅仅精通英语是不够的，必须与相应的汉语水准相符合。现实翻译过程中，常常不是英语"卡壳"，而是因汉语水平不到位，难以将英语翻译成准确、优美的汉语，甚至造成交流的不顺畅，或者说造成了"来而无往""有来无往"的后果。因此，无论从文化植入、文化阻断、文化诠释、文化归化还是从文化融合等基本翻译策略来看，"中国文化素养的根基作用不可小觑"。无论什么形式的交流与语言之间的转换，为使交流顺畅，转换后的语言协调、准确，对交流双方的语言要求应当是一致的，并达成某种平衡。有学者尖锐地指出："我们所说的跨文化交际也仅仅停留在英语文化的引进，缺少对母语文化的介绍和中西方对比融合。英语教育淹没了母语及母语文化的教育。"这种交流中的语言"失衡"现象屡见不鲜，实际上已经对英语教学的目的构成了质疑——"失衡"的语言结构，使预设的交流目的难以达到。英语翻译的教与学不仅要通过英语让国人了解世界，更应该通过英语让世界了解中国，两者同等重要；不仅要把国外的先进理念、知识介绍给国人，也有义务将博大精深的中国优秀文化展示给外国人。尤其需要注意的是，学术界曾经批评过的“失语症”现象，在今天高等院校英语翻译教学实践中已成为公认的“汉语失语症”，不免令人忧虑。这种“失语症”一方面说明了汉语言文化素养有待提高，另一方面与“汉语失语症”并存的“中国文化失语症”已经降解了英语翻译对外交流与交往的价值意义。有学者十分形象地描述，国人在对外交流、交往过程中已经出现了令人忧虑的“逆差”现象。这种“失衡”和“逆差”从不同侧面敲响了英语教育的警钟，更说明汉语言文化素养的实际价值远不应仅仅局限于自身。为了真正达到交流、交往之目的，英语翻译的教与学必须关注教与学双方的语言结构，保持某种平衡，不可顾此失彼。一个不需要过多论证的理念是，无论英语水平多么高深，“如果不服务于本民族语言，不能转换成为真正的汉语信息，不能实现与汉语的平衡”，英语教与学的真实价值意义势必会大受贬损。因此，高等院校英语翻译教学实践及其课程设置应围绕母语和英语之间达成平衡结构，应着力解决当下翻译教与学双方语言结构的“失衡”问题。产生这种“失衡”的主要原因在于，在一个相当长的时期内，翻译教学仅强调“英语至上”，甚至在翻译专业关于汉语言、中国文化、国学基础知识等基本处于“零设置”状态。这种课程结构下培养出来的英语翻译人才，只可称得上“专门人才”，因为此种模式下的受教育者的汉语知识、中国文化基础甚为薄弱，很难实现真正意义上的跨文化交际与交流。或者说，只能将英语作为工具，进行纯技术层面对等翻译，谈不上文化传达，难免出现“逆差”。

三、英语翻译教学改革

如前文所论，当下英语翻译教学中汉语知识、中国文化知识的缺失已经得到了学术界的高度重视，值得更深入讨论的议题是，如何在教与学的实践中改变现有与教、学相关的各种结构。也就是说，唯有教与学双方的语言结构、知识结构发生了根本性变革，方能实现预设的翻译教学目标。

（一）课程结构改革

针对“汉语失语症”，首先应在课程设置上予以解决。不论是英语专业，还是英语翻译专业，课程设置时有计划地、适当地增加汉语言文化内容，通过课程设置结构改革，改变当下汉语言、中国文化被人为冷落的局面。尤其在翻译教学实践中，必须设置中国文化相关课程，突显民族文化的重要性。目前，大多数院校明确要求教师英语课堂使用英语授课，目的是强化学生的“英语意识”，体会对英语语言的感受。这种要求当然不能否定，但一个被人忽视的事实是，今天的在校大学生大多数汉语言功底并不让人乐观，很大程度上抵消了这种感受，从不同层面反映出“汉语失语症”的消极作用。如何在保证英语水平提高的同时，通过提升汉语水平强化英语训练的确是一个值得认真研讨的命题。鉴于此，高等院校在设置英语专业课程时，应刻意增加相关汉语言内容——绝非简单地等同于“大学语文”。比如，适当增加翻译课程的内容、数量，增加中国文化、汉语言文学方面的课程与教材等，至少应着力改变英语翻译教学实践中汉语“零设置”的局面。英语专业课程设置结构中对汉语的“冷漠”“漠视”“轻慢”不仅直接影响到素质教育的推进，而且制约着英语专业学习的终极效果。英语翻译学习过程中，应当让学生们懂得：“母语是外语学习的起点和参照，英语的学习都是建立在一定的汉语的基础之上的，我们对于英语的词、句及相关文化的理解不可完全脱离以母语文化为基础的思维模式。”结合英语专业教学、英语翻译专业教学，有针对性地增加汉语言知识教学内容，改变现有大学生语言知识结构不是目的，而是手段，这种关系不应倒置。需要进一步说明的是，课程结构改革必须突出服务于英语翻译教学，除了大学语文，所增设相关课程一方面应关注英语教学的需要，另一方面还不应忘记英语教学本身所特有的规律，否则不仅难以达到课程结构改革的目的，还可能适得其反。现如今，许多高等院校师生双方均深切地感受到，汉语言知识的贫乏、汉语言水平的低下直接制约了英语学习的效果，基于此，笔者完全赞同有学者提出的在英语教学课程中增设中国哲学、中国文化课程的主张。

（二）知识结构改革

这里讨论的知识结构包括两个大的方面：专业知识结构和文化知识（人文知识）结构。知识结构问题——知识结构过于单一、专业化，差不多是今天中国高等院校各个专业所面临的共性问题，对于英语的教与学尤其突出。不止一位学者倡导，在英语教学中引入中国文化，其终极目的之一便是改变知识结构。当然，知识结构及其改变并不应仅仅依靠汉语或汉文化知识，但比较而言，对英语学习帮助最大者——汉语言文化凸显无法替代的作用。也就是说，英语学习过程中，和语言专业知识联系比较紧密的、当下应当尽快予以解决的问题是增加汉语知识，或通过其他渠道强化汉语言知识技能。通过文化学习外语早已成为学术界的共识，但到底怎样的文化知识结构能够促进外语研习，似乎没有一个令人信服的结论，也未听说达成什么共识。一个普遍存在的悖论现象是：人们一方面看重、强调语言的教与学应注重文化传达；另一方面真正涉及文化内涵的教学课程内容并不多，在许多时候，教材的背景介绍、背景知识的一般性描述取代了文化知识的传达。可以开诚布公地说，即使有文化传达，大多也只是停留在文化现象层面，还谈不上对文化的学理剖析，更谈不上对文化内涵的评议。因此，英语翻译教学在课程结构改革的基础上，必须有以文化知识为核心的知识结构改革，但以什么样的文化知识充实课堂教学、强化文化知识训练，仍是一个众说纷纭、莫衷一是的论题。文化本身是一个内涵丰富的概念。英语翻译教学过程中的文化导入无非两部分，一部分为“英语所承载的西方文化”，另一部分则是“需要对西方文化加以评判、分析、理解的中国文化”。增加英语翻译教学中的中国文化含量，不仅是改变知识结构的需要，也是正确对待、理解英语所承载的西方文化的需要。众所周知，西方社会的科学技术是先进的，也是我们需要引进的，但西方社会的文化价值观念、是非曲直的判定标准，以及属于意识形态领域的某些知识还需要辩证地对待。这些评判的能力主要还应依靠汉语言文化知识的把握。

（三）阅读结构改革

阅读是任何一门语言学习中不可替代的路径，是提升语言水平的必由之路，但今天大学生的阅读数量、质量令人忧虑。由于大学生经常忙于各种证书、资格证等考试、应试，也由于“读图时代”的到来以及网络文化的发展，更主要由于课程结构等原因，学生关于提升语言素质的阅读量十分有限，不仅英语阅读读物数量有限，而且汉语读物的阅读量也十分有限。相当数量的学生对“四大名著”是通过电视连续剧有所了解的，至于更深奥的“四书五经”，很多学生基本上一无所知。汉语言知识的匮乏，导致了知识结构的单一。有鉴于此，在倡导课程结构改革、知识结构改革时，还应倡导阅读结构的改革。这里所说的阅读结构改革主要指既要求学生大量阅读专业书籍、文本，也要求学生主动阅读英语、汉语文本，这不仅能够丰富学生的知识储备，也是提升学生文化素养特别是汉语言文化素养的捷径。因此，无论怎样设计课程结构、教材结构，都会受到课堂教学传达知识、信息容量的有限性等因素制约，因此大量地阅读是提高文化素养、优化知识结构非常重要的路径。从某种意义上讲，阅读结构改革属于学习方法论方面的问题，但联系到英语翻译教学，联系到本文中心论题，我们仍要归到汉语言文化素养这一基础问题上进行研讨。除了课程、教材结构等方面刻意增加汉语言文化知识，还应有计划、有步骤地指导学生阅读古今中外名著（绝非一般意义上的“名著导读”），亦应成为英语翻译教学的重要内容。制订教学计划的过程中，应增加阅读书目内容，并规定哪些为必读书目，甚至可以将阅读量的多寡与考核成绩联系在一起。必须在教学计划、教学大纲中增列名著阅读，包括许多西方名著译本，尤其是汉译名著的阅读对英语学习大有裨益。阅读这些名著不仅能够增进学生对西方文化、历史、社会的了解，也有助于英语学习从名家、大师的文笔中领略中西两种文化、语言、文笔的风采，并从中体会“跨文化交际”的真实价值意义。一个人的文化素养是由多重要素构成的，但本民族语言文化素养应是核心中的核心，并决定着其他素养要素的结构与发展。这也是学术界反复强调在英语翻译教学实践中引入、强化汉语言文化知识的根本原因所在。由强化汉语言文化知识讨论、倡导与英语翻译教学相关的各种结构改革，终极目的之一是促进英语翻译教学水平的提升，并使学生在强化对汉语言文化认知的前提下，从文化内涵层面深化英语翻译的教与学。

第二节　英语翻译教学的互动

全球化背景下，国际的交流与互动愈加频繁，对于翻译人才的需求量也随之增长。翻译作为一种重要的语言交流方式，不仅仅是纯粹的语言符号表层的意义转换，更是两种不同文化的相互沟通和移植，翻译涉及两种语言，更涉及两种文化。语言是文化的载体，不同国家之间文化和贸易的交流离不开翻译，语言翻译和文化交流是密不可分的，一个优秀的翻译人才必须具备基本的跨文化翻译意识和能力。从当前的大学英语翻译教学来看，从文化视角切入开展翻译教学，重视翻译教学中的文化导入是大学英语翻译教学的必然选择，也是培养实用型翻译人才的基本保障。

一、加强对英语翻译跨文化教学的重视

任何语言的翻译教学都不能脱离其文化背景，有效的翻译活动需要在特定的语言文化环境下进行。因此，英语教师需要提高对英语翻译跨文化教学的重视程度，有针对性地培养学生的跨文化意识和翻译能力。一方面，教师要改变现有的教学观念，在各个翻译教学环节穿插英语文化教学，培养学生的跨文化意识。例如，在词汇的翻译教学中，要给学生讲解其在中外不同文化背景下的不同含义、不同用法，让学生对英语词汇背后的文化知识有更加深入和全面的理解，并在翻译实践中实现对中英词汇的科学和规范应用。另一方面，英语教师可以将英语文化学习列入学生翻译学习的考核体系，设立相应的考核内容和具体目标，将英语文化作为学生英语翻译学习的一部分并进行测试，将成绩计入学生翻译成绩的综合测评中，以便加深学生对英语跨文化学习的重视程度，减少文化负迁移对英语翻译学习的不良影响。此外，英语教师还可以有意识地加强学生专业知识与英语翻译文化教学的有机结合，让学生更加真实地感受到跨文化学习的重要性，正确把握专业知识文化差异产生的历史渊源和文化背景，从而提高其岗位适应能力。

二、促进学生英语跨文化知识的积累

大学英语翻译教学的知识面非常广，知识点比较零散，其中涉及的文化元素也纷繁复杂，这就需要学生在平时的英语翻译学习中重视对英语跨文化知识的积累，从而实现跨文化翻译素养的不断提升。鉴于此，高校可以专门开设英语文化选修课，培养学生文化课的翻译能力。因为课堂上教师穿插讲解的英语文化知识不能满足学生学习翻译实践中的具体需求，但要增加跨文化教学课程的灵活性和多样性，因此选修课是一种很好的方式。教师可以开设“中西文化比较”“西方文化介绍”等课程，还可以通过电影、视频、戏剧等形式让学生全面了解西方文化，增加学生的文化积累。同时，英语教师在翻译教学之余，应当多鼓励和指导学生阅读课外英文素材，拓宽翻译学习渠道和跨文化知识点的学习视野。例如，可以向学生推荐相关的英语文化、历史、地理、社会风俗等方面的书籍，让学生对英语文化的理解更加全面和具体，减少文化负迁移的影响。

三、科学运用中西文化对比开展翻译教学

翻译的目的是交际与文化交流，所以无论在大学英语的基础课教学中，还是在具体的翻译教学中，都应当引导学生加强对中西方文化的对比性学习。基于跨文化视角下的英语翻译教学是在两种文化并存的情况下进行对比性的翻译教学，这就需要师生充分尊重中西方文化，认真看待其中存在的差异，并科学运用到翻译实践中，如将涉及某一方面的中英文化进行对比时。教师要引导学生观察和思考，对比汉语和英语中词汇的含义差别、表达方式差别、文化习俗差别等，在此基础上了解相关英语知识的翻译运用，并在翻译实践中熟练和准确运用，从而不断提高学生的跨文化翻译能力。

四、为学生创造良好的跨文化翻译学习环境

学生在英语翻译课堂上学习了相关的知识和技巧后，最重要的是能够在不同的文化背景下保证翻译过程的规范性和有效性，将学到的知识与技能应用于跨文化翻译的具体实践。因此，学校和教师要尽可能多地为学生创造跨文化交流与学习的平台，为他们提供与社会翻译人才的需求更加接近的跨文化学习条件。例如，可以定期举办“英语角”等翻译学习活动，鼓励留学生、外教等参与其中，让学生在浓厚的英语氛围中学习标准的英语表达方式，了解中西方的文化差异，不断提升自身的跨文化翻译水平。同时，学校应当组织丰富多彩的课外活动，如电影赏析、戏剧表演、台词翻译、英语

演讲比赛等，为学生创造良好的跨文化翻译学习环境，促进其英语翻译素质与跨文化交际能力的良好发展。

五、提升英语教师的跨文化素质与能力

教师是大学英语翻译教学的组织者、引导者和实施者，其教学水平、角色与地位至关重要。英语教师的跨文化素质与能力也将会对翻译教学成绩产生直接的影响，因此，基于跨文化视角的大学英语翻译教学不仅要培养学生的跨文化意识和能力，还要注重对英语教师跨文化素质与能力的提升。一方面，教师要通过各种途径学习英语文化知识，如通过自学或听讲座、参加培训等不断汲取英语文化知识，充实和完善跨文化知识结构，提升跨文化素养，便于在教学中为学生提供更加丰富、全面的翻译教学和文化学习资源；另一方面，教师应改变思维方式，在翻译教学中多使用英语，削弱汉语文化思维模式对学生翻译学习的影响，让学生在英语文化语境下进行翻译学习，养成英语文化思维习惯。

第五章　高校英语翻译教学存在的问题及发展思路

第一节　翻译教学主体交往的缺失与交往环境创设

一、翻译教学主体交往的缺失与局限

（一）交往实践模式与教学交往

西方哲学中所发生的这种从前者到后者的转向被称为“主体际转向”，而伴随着这种转向，“交往”作为解决主体际问题的设想，成为研究的核心概念。现代社会，交往的重要性更是日益凸显。交往被看作人的基本存在方式，是共在的主体实现彼此之间的交流和沟通，从而实现相互作用和相互理解的过程。交往对于主体和主体性而言具有至关重要的意义，交往不仅决定了对主体和主体性的基本规定，还影响着主体认知能力的发展。可以说，没有交往，人的社会和文化特质就无从谈起；没有交往，主体就无所存在。

交往不仅发生在主观与客观世界之间，在不同的主体之间以及主体和自身之间同样也发生。西方哲学具有悠久的历史，与此同时，交往也已具有了非常丰富的含义。但这些含义概括起来不外乎三种，第一种交往发生在主体与客体之间，是作为主体的人改造或者创造客体的过程，其表征是人与自然的关系，交往实践模式表征为“主体—客体”模式。第二种交往发生在主体与主体之间，强调共在主体间的相互作用、交流、沟通和理解。这种交往并不包括人与自然的交往，其表征为人与人之间形成的社会关系，交往实践模式表征则是“主体—主体”模式。第三种交往强调主体与客体、主体与主体双重关系的统一，即人与物、人与人双重关系的统一。这种关系不单单表征为人与自然或者人与人之间的关系，而是“在人与自然的关系中已涵盖了人与人的关系，在人与人的关系中已预设了人与自然的关系”。

1.“主—客”模式与教学交往

“主—客”交往实践模式是传统实践观中的交往模式。自笛卡尔以来，近代西方哲学家们非常关注对个体性主体哲学的探究，他们试图解释主体是如何认识客体的。由于这种模式只关注主体与客体之间形成的二元对立关系，对于主体之间的交往活动和形成的交往关系却闭口不谈，因此这种交往实践模式的局限性显而易见：它解释的是主、客之间倾向于静态的交往关系，不能反映交往主体之间动态多元的交往本质。这种模式的根本性缺陷是其单一的主体观，即忽视了人的社会性，将人与人之间形成的关系排斥在外，因此也就无法揭示主体活动和主体性建构的本质。

传统实践观中的“主—客”交往实践模式对于教学中的交往模式影响深远。这种影响首先表现在教学主体对于知识的态度和理念上，传统实践观认为知识是绝对的、静态的、独立于主体之外的，对于客观世界的一切知识，主体都是可以认识且认知的，通过教学能够实现学生对知识的认识和认知。其次在教学理念上也能看出这种交往实践模式的影响。在这种认识论基础上，教学目的就是让学生通过对知识的掌握，实现对客观世界的认识，教学过程就是实现学生对知识的掌握和对客观世界的认识。教学内容是来自客观世界的各种知识，最有效的教学方法是传授法，即教师进行知识的传授和讲解，学生进行倾听。在这种教学理念下，教学中最为常见的交往形式是教师—班级群体交往，其他交往方式很少。在这种交往关系中，教师作为知识的化身和掌握知识的权威，在师生交往中处于绝对的权威地位。

2.“主—主”模式与教学交往

与“主—客”交往实践模式发生在认识论上的意义不同，“主—主”交往模式发生在现代本体论意义上，关注的是更为本质的问题，即主体与主体之间的交往问题，也就是所谓的“主体际”问题。比较有代表性的理论有埃德蒙德·胡塞尔的交互主体论和哈贝马斯的交往理论。

有感于实证科学对现代人的生活和思维所造成的影响，埃德蒙德·胡塞尔对“科学世界”和“生活世界”两个关键概念加以区分并提出了“交互主体论”，强烈主张人们回归生活世界并通过交往去探寻生活的真正意义。他认为只有在生活世界中人们才能真正地进行生动的、充满“人格主义态度”的交往。而“交互主体性”在这种交往中具有决定性意义，互为主体的交往个体之间是平等的、民主的，他们体现出的是“主—主”关系，这种关系与本质上互为目的和工具的“主—客”交往关系截然不同。在埃德蒙德·胡塞尔看来，主体之间应该形成的是一种“同情”关系，在这种同情关系下，我们需要通过理智的态度和类似思考实现“精神”的转化，即将别人的“精神”

转化为自己的“精神”，由此实现自己与他人之间在地位上的完全平等。可以看出，埃德蒙德·胡塞尔非常强调主体之间心灵和精神层次上的交往。其实，这种交往仍然延续了“主—客”交往模式，因为在这种交往模式中，交往双方都将自我设为主体而将对方设为客体，如此一来，交往双方就同时作为交往主体和交往客体而存在。我们只能说这是一种双重的“主—客”关系，它并没有真正避免或者克服“主—客”交往模式所具有的局限和弊端，在本质上，它仍然是“主—客”交往模式。

理解是主体之间顺利进行有效交往的前提，理解的缺失必然导致交往的障碍和失败，而生活世界的被殖民化则导致深度交往障碍即遭受系统扭曲的交往的出现。

“真实”、“正当”、“真诚”和“意义”这四个原则是交往的有效性和持续性的保障，而普遍语用学则为行动者与他人的交往提供规则。可以看出，这些核心概念在很大程度上强调的是精神层次。

应该说，“主—主”交往实践模式在很大程度上超越了“主—客”交往实践模式，更加接近交往的本质问题，这种交往模式关注人与人之间的实际交往和沟通，重视交往的社会性，提高了交往概念在社会形态理论中的地位和作用，深化了批判理论的广度和深度，在批判伪科学主义和实证主义方面采取了新视角，在新的历史条件下具有深刻的积极意义。但由于这种模式忽视了交往客体的地位和作用，因此主体与主体之间的交往常常会因为客体中介的缺失而表现出浓厚的唯心主义和相对主义。其实，教学交往只是实现教学目标的手段，实现学生能力的发展才是目的，脱离了客体中介的教学主体交往常常会导致交往的表面化和虚无主义。

3.“主—客—主”模式与教学交往

（1）交往实践观

“主—客—主”交往实践模式的理论基础是交往实践观，这种交往实践观继承和发展了马克思历史唯物主义交往观。马克思和恩格斯指出，生命的生产表现为自然关系和社会关系在内的双重关系，这种双重关系实际上体现的就是“主—客—主”交往实践模式。从马克思、恩格斯的著作中，可以窥见马克思历史唯物主义交往观的发展轨迹。在《1844 年经济学哲学手稿》一书中，从经济领域出发，马克思对于交往的问题进行了关注并使用了大量的关于交往的表述。在《关于费尔巴哈的提纲》一书中，马克思关注人的本质和人所处的各种关系，如人与自然、人与人、人与社会之间的关系等。这些关注都为其创立交往理论做了理论上的准备。《德意志意识形态》一书对于马克思、恩格斯的交往思想进行了全面系统的阐释，可以将其看作马克思历史唯物主义交往观所确立的标志。在《资本论》中，马克思明确指出：商品的价值实现、资本的价值增值在实质上反映的是主体之间的交往关系，并不是人们普遍认为的物与物的交往关系，而主体之间的交往关系和物与物的交往关系共同体现了交往实践的关系。在《人类学笔记》中，马克思则从世界普遍交往的高度来观察并审视东西方社会发展的进程。

（2）交往教学

交往实践理论有效地弥补了当代交往理论的不足与缺陷，有助于许多当代现实问题的解决。在人类社会之初，人们虽然在劳动中实现了大量的交往，但生产劳动并非教育的形态起源，教育的形态起源是人类的交往活动。鉴于教育的交往起源和交往实践理论的优势，从交往角度研究教学就显示出非常积极的意义和价值，吸引着国内外的学者进行相关的研究。迄今，这方面的研究已经非常成熟，形成了独具特色的交往教学论。

虽然交往教学论作为理论流派出现在 20 世纪 70 年代，但实际上交往教学的思想在国内外很早就有所实践。在我国，早在春秋时期，孔子就提出了“不愤不启，不悱不发”的教学理念，在实际的教学实践中运用启发诱导的教学方法，这种实践的典型表现为师生之间的对话和交流。孔子不仅在师生之间开展对话和交流，还非常重视生生之间的交流。“独学而无友，则孤陋而寡闻”便是这一思想的集中体现。在古希腊，苏格拉底在自己的教学中实践问答式教学方法，通过师生之间问答、争辩和交流的方式让学生发现真理。

从现代教学理论发展的基本走向也可以看出交往教学的强大渗透力。维果茨基早在 20 世纪 30 年代就认为发生在学校中的教学是交往的特殊形式。到了 20 世纪 70 年代，交往教学理论流派在德国由 K. 沙勒和 K.H. 舍费尔创建，称为“批判—交往教学论”。这种理论将教学过程看作交往过程，提倡师生之间在合理的交往原则指导下，通过交往实现教学目标以达到学生的“解放”。到了 20 世纪 80 年代后半期，苏联出现了合作教育学学派。顾名思义，“合作”提倡教育主体之间尤其是师生之间的交往与合作。而影响力巨大的建构主义教学观更是重视动态的交往互动对于知识形成的重要意义，充分体现出交往教学的精神。

（二）翻译教学主体的交往现状

对于当前英语专业本科翻译教学主体的交往现状，我们以师生为中心，主要关注师—生交往、生—生交往、师生—翻译市场交往和其他交往等几个方面的状况。

1. 师—生交往

（1）交往努力与交往频率

交往努力是教学主体为实现交往目的而在教学交往过程中付出的各种努力和表现

出的积极行为。各个教学主体如果能够努力创造条件进行交往，就会创造出和谐的主体关系，非常有利于教学的进行和教学效果的提高。教学交往中需要多向的交往努力，单向的努力有可能会使交往中断，尤其是在师生之间的交往上更是如此，只有依托于师生双方的努力，才能保证其交往的广度和深度。只有双方都表现出积极的态度并付诸相应的行动，才能保障交往的畅通和良好交往关系的建立。师生间的交往努力不仅包括师生对彼此交往关系的积极认识，更为重要的是师生依据相关的认识，及时有效地对自己的交往行为进行调整，积极、恰当地维系交往关系，实现真正意义上的交往。交往频率是交往主体在单位时间内的交往频次。虽然交往频率并不代表交往的质量，但过低的交往频率肯定会影响交往效果。

（2）交往内容

在交往内容上，大多数的师生交往是针对课堂教学内容的，除就教学内容进行交往外，情感交往也应该是师生之间交往的重要内容。联结交往主体的最佳纽带是情感，人们交流的目的之一也是为了在情感和精神上获得一定程度的满足，对于教育交往而言更是如此。教育交往以实现人的培养和发展为终极目标，离开了情感交往，这种目标就无从谈起。而在现代教育交往中，交往主体之间的情感交往急剧减少，取而代之的是情感淡漠的交往甚至是完全没有积极情感的交往。应该说，在翻译教学中，师生之间在精神交往方面是一片荒原。而这片荒原的存在意味着师生之间在情感和精神方面和谐纽带的缺失，而这根纽带恰恰是翻译教学效果提升和教学目标实现的催化剂，更是教育在实现培养“人”的目标中的“药引子”。

（3）交往方式

在交往的方式上，师生之间也往往局限于问—答形式，典型的有课堂上教师提问学生回答、教师询问学生应答和学生提出疑问教师作答三种方式。在第一种方式中，教师选择翻译教学中涉及的问题或者翻译练习向学生提问，学生给出相应回答，教师再对学生的回答进行评价或者补充。在第二种方式中，教师就翻译学习的状况或者某个翻译练习任务的完成对学生进行询问，学生进行相关的应答，这实际上是教师对学生翻译学习情况的一种了解方式和途径。在第三种方式中，学生向教师提出自己在翻译学习中的问题和疑惑，请求教师的帮助和指导。总体而言，师生之间的交往方式非常有限，仅仅停留在问—答形式，而师生共同研讨型、辩论型的交往形式非常少。

这种问—答式的交往方式属于典型的单向度交往，学生处于被客体化的地位，体现出师生之间不平等的交往关系：教师在某个翻译问题上是权威，能够给出正确答案；教师在翻译练习上是标准，能够提供标准译文。教师的问是检查检阅，学生的答是应对检查检阅，学生的问是寻求终极答案，教师的答是提供标准，师生之间没有跳出问一答的交往方式，也没有脱离传统的师生关系。这种师生之间交往的方式对于翻译教学而言其弊端是非常明显和突出的，尤其表现在翻译实践方面。众所周知，翻译没有标准答案和最终译文，阐释学原理和译者主体性理论已经为此提供了强有力的理论证明和依据。翻译实践的这种特点要求师生之间采取一定的研讨型和辩论型的交往方式，在这种交往当中，学生会非常自然地了解翻译的本质，并锻炼自己的翻译能力。而传统的师生交往关系只能让学生在翻译学习和翻译实践中盲从权威，追求单一标准和终极译文，这些都违背了翻译的本质，与翻译教学的目标也是背道而驰的。

在交往方式上，当前翻译教学中的师生交往还有一个特点，那就是教师—学生群体的交往方式占主流，教师—学生个体的交往方式在很大程度上呈缺失状态。师生之间的交往按照涉及的主体可以分为教师—学生群体交往、教师—学生小组交往和教师—学生个体交往。根据教学内容、教学目标和实际的教学环境等因素，师生之间应该选择适当的交往类型。总体而言，对于知识的讲解和传授，适合采用教师—学生群体的交往方式。对于某项教学活动的开展，教师—学生小组的交往方式更为合适。此外，教师还必须给予不同的学生个体以适当的关注，这种关注除了能够促进学生个体的学习，还能够深入学生心灵，有利于学生健全人格的培养。

2. 生—生交往

教学中的另一类主体交往发生在学生与学生之间，我们将其简称为生生交往。充分、健全的生生交往体系不仅有利于良好学习环境的构建，更能够促进学生学习，增强学习效果。与师生交往不同的是，生生交往在时间、空间、交往方式和交往内容方面都应该更具优势。那么在当前的翻译教学中，生生交往的状况如何呢？

对于翻译教学中生生交往状况的调查，主要关注学生之间的合作学习情况。合作学习是生生间就学习进行的重要交往形式，是学生与学生之间通过协作的方式共同完成某个学习任务，或者通过协商的方式解决学习中的问题或者困惑。合作学习可以发生在两个学生之间，也可以发生在三个或者三个以上的学生群体之间。学生之间进行合作学习非常有利于提高学习效率、提升学习效果。另外，合作学习也有利于学生良好关系的创建，有利于学生健康身心的发展和良好人格及素养的形成。

总体而言，在当前的翻译教学中，生生之间的交往无论是在交往积极性、交往时间、交往空间，还是在交往内容等方面都是匮乏的。多数学生反映就交往内容而言，他们一般不会超出翻译课程的教学内容，无论是共同讨论、协作完成翻译任务，还是就相关的疑问和问题进行协商，多数交往都是围绕上课内容进行的，而在交往时间和空间方面，离开了课堂和教室，很少有人再就翻译问题进行交往。而在交往过程中就翻译问题产生不同意见时，多数学生往往选择中断交往的方式，而不是就相关的问题进行辩论和继续探讨。

二、翻译教学主体的交往环境创设

（一）翻译教学主体的交往环境认识

认识翻译教学主体的交往环境，包括对以下因素的认识和认知：翻译教学主体交往环境的内涵、分类和功能，多极翻译教学主体与交往环境的关系，多极翻译教学主体交往环境与传统翻译教学环境的区分，等等。

1. 翻译教学主体交往环境的内涵

“环境”一词在古汉语中至少有两种词义。第一种是指“周围的地方”。例如，在《新唐书・王凝传》中有这样的句子：“时江南环境为盗区，凝以疆弩据采石，张疑帜，遣别将马颖，解和州之围。”第二种是指“环绕所管辖的地区”。截止到近代，“环境”一词的内涵扩大，其所指由物质性拓展到非物质性，由显性延伸到隐性，其词义扩展到“周围的自然条件和社会条件”。例如，茅盾在《青年苦闷的分析》中写道：“只有不断地和环境奋斗，然后才可以使你成长。”

当今，“环境”一词已具有了更加丰富的内涵，但对于环境的不同界定还是有很相似的出发点。总体来说，人们普遍认为，环境均是相对于某一事物来说的，是指围绕着某一事物并对该事物产生某些影响的所有外界事物，即环境是指某个主体周围的情况和条件。

对于环境内涵的理解虽然没有共识，但有一点是共同的，那就是对环境的种种界定往往是以人为中心点，将人周围的相关因素视作环境。在这种界定中，人与环境是二分的。这种将人与环境相分离的做法实际上是人类中心主义的典型表现，我们认为环境就是“影响特定主体行为或者活动的综合情境和一切因素的总和”。在进行特定的行为或者特定的活动时，主体本身实际上也是环境的重要组成因素，主体与其他环境因素相互作用，共同影响主体行为或者活动的完成情况和效果。这种将主体本身视作环境构成因素的做法有利于人们形成对环境的正确认识，恰当处理与环境的关系并有效地进行环境创设，对人类的认识行为和实践行为是有益的。

在英语专业翻译教学中，交往主体有翻译教师、学生、来自翻译市场的代表、外语系/学院教学指导小组、校教学组织管理部门、高等学校外语专业教学指导委员会英语组等。既然环境是“影响特定主体行为或者活动的综合情境和一切因素的总和”，那么英语专业翻译教学主体的交往环境就是“影响这些多极主体的交往行为和交往活动的综合情境与各种因素的总和”。

2. 多极翻译教学主体交往环境的分类

对于环境的划分，人们的普遍做法是按照其属性，将其分为自然环境、人工环境和社会环境。其中，自然环境是“未经过人的加工改造而天然存在的环境”，人工环境是“在自然环境的基础上经过人的加工改造所形成的环境，或人为创造的环境”。人工环境与自然环境的区别主要在于人工环境对自然物质的形态做了较大的改变，使其失去了原有的面貌。而社会环境则是指“由人与人之间的各种社会关系所形成的环境，包括政治制度、经济体制、文化传统、社会治安、邻里关系等”。

对于多极翻译教学主体的交往环境，我们可以采用不同的标准对其加以分类。例如，按照交往发生的空间，我们可以将其分为校内交往环境、校外交往环境，前者包括课堂教学交往环境和其他校园交往环境，后者则包括翻译市场交往环境和社会交往环境等。按照交往发生的时间，可以将其分为教学前交往环境、教学中交往环境和教学后交往环境，其中教学前和教学后交往环境可能在课堂和教室之外，而教学中交往环境则集中在课堂教学阶段。另外，我们还可以将其分为真实交往环境和虚拟交往环境、硬交往环境和软交往环境、显性交往环境和隐性交往环境等。

考虑到翻译教学主体交往环境的创设，我们认为以内容构成为参照来划分翻译教学主体的交往环境更加具有可操作性和指导意义。翻译教学主体交往环境的内容构成可以分为三个范畴，分别是物理性交往环境、心理性交往环境和技术性交往环境。

（1）物理性交往环境

人们通常将教学意义上的物理环境局限于课堂物理环境，在时间上没有突破课堂教学阶段，在空间上没有超出教室，交往的主体也仅限于教师和学生。这里对翻译教学主体物理性交往环境的讨论是在教学过程的整体观照上进行的，在交往时间上不仅仅包括教学中阶段，也包括教学前和教学后阶段。在交往空间上则突破了教室，将其他校舍、办公室等校内环境和翻译市场等校外环境囊括其中。交往的主体包括翻译教师、学生、来自翻译市场的代表、外语系 / 学院教学指导小组、校教学组织管理部门和高等学校外语专业教学指导委员会英语组等。

翻译教学主体的物理性交往环境是指多极翻译教学主体进行交往的场所布置、交往设备和工具等以物质形态存在的、有形的环境。它在时间上包括翻译教学前、教学中（主要是翻译课堂教学）和教学后三个阶段的物理交往环境。在这几种环境中，教学中阶段的物理交往环境得到的关注最多，教学中阶段的物理交往环境以课堂教学为背景，其空间构成以教室为中心，包括教室内的光线、颜色、声音、教学设施摆放（例如桌椅的摆放）、班级的规模大小等。

物理性交往环境在教学中发挥着重要的作用。以师生与翻译教学管理主体（校教学组织管理部门）间的交往为例，如果选择创设的物理环境适当，管理主体就会从师生那里收集到更多有效的教学信息，师生也会得到更多富有价值的信息反馈，从而为翻译教学的改善和教学效果的提升做好准备。

（2）心理性交往环境

这里所说的以翻译教学主体交往为取向的心理交往环境在主体范围上不仅包括教师和学生，而且也包括来自翻译市场的代表、外语系 / 学院的教学指导小组、所在学校的教学组织管理部门等。它在时间上涵盖多极翻译教学主体在教学前、教学中和教学后不同阶段的心理；在空间上则由教室和学校延伸到翻译市场和社会。概括来说，以翻译教学主体交往为取向的心理交往环境指的是对多极翻译教学主体的交往产生影响的各种非物质因素的总和，包括交往主体在交往过程中于认知、情感、动机、兴趣等诸方面的综合表征，也包括他们在交往过程中所形成的人际关系和氛围。

以翻译教学主体交往为取向的心理交往环境也可以分为积极的、消极的和对抗的三种类型，其中积极的心理交往环境指的是多极翻译教学主体都能够积极参与翻译教学交往，主体之间不仅形成了民主和谐的交往关系，而且能够互相尊重、互相负责，形成有利于实现交往目的的氛围。

积极健康的心理交往环境是多极翻译教学主体之间顺利开展交往的前提和保障，并直接影响了交往的效果。另外，积极的心理交往环境也对交往主体尤其是学生的人格塑造和情操陶冶产生巨大影响。以学生的学习动机为例，如果学生在翻译学习中具有强烈的学习动机，那么这种动机就会转化为巨大的学习动力，促使学生积极地与相关的主体开展交往，最终有利于其翻译学习效果的提高。再以师生之间形成的人际交往关系为例，如果教师在与学生的交往过程中建立起与学生之间民主、平等的交往关系，就会促使学生在师生交往中采取积极主动的态度，而且由于和教师之间有良好的交往关系，学生对于翻译课程也会爱屋及乌，最终促进翻译学习效果的理想实现。反之，如果学生在与教师的交往中产生压抑、猜疑甚至是仇恨的情绪，那么这种情绪就会影响学生对于翻译课程的喜好和最终教学效果的实现。

（3）技术性交往环境

以翻译教学主体交往为取向的技术性交往环境是指多极翻译教学主体在交往中采用的技术集合，这种集合是整个交往环境中的重要参数。传统教学中的技术是指在教学中采用的技术性手段，包括课堂教学中使用的多媒体技术手段、计算机、投影仪、各种播放器、显示器、闭路电视等，对于这些技术的运用多局限于课堂教学阶段，使用这些技术的往往是教师。

技术性交往环境对于翻译教学主体的交往具有积极意义，主要表现在以下几个方面。第一，技术性交往环境为翻译教学主体富有实效地开展交往提供了技术支持。在理想的技术环境中，信息在不同教学主体间的传播加快，教学主体接受效率大大提升，其效果也远远优于没有技术支持的教学效果。第二，技术环境为教学主体的交往在时间和空间上进行了极大的拓展和延伸。借助一定的技术，教学主体不仅在教学中阶段可以有效地开展交往，而且还可以在教学前和教学后阶段进行交往，从而在空间和时间上使交往无处不在、无时不在，便利了主体之间开展离场交往和非实时性交往。第三，技术环境提供的模拟真实环境有利于学生了解翻译职场中的行为和运作机制。即使不亲临现场，学生也能了解相关的知识和规律，这在翻译课时非常有限的情况下尤其必要。第四，技术环境将不可能发生的直接交往转化为间接交往。由于种种原因，多极翻译教学主体之间不可能总是进行直接交往，但是利用相关的技术支持，不同主体之间可以进行间接交往。例如，师生之间在课堂教学之外不可能总是进行直接交往，但课前和课后的交往又非常必要，技术环境就为这种交往的发生提供了可能，师生可以利用网络媒体进行交流，实现直接交往与间接交往的互补。第五，技术环境使交往主体共享教学资源成为可能。教育信息化的核心是教育信息资源的共享。

（二）翻译教学主体的交往环境创设

1. 交往环境的创设意义

翻译教学主体交往环境的创设对于翻译教学具有积极的现实意义与实践意义，这种意义表现在以下几个方面。

（1）使主体交往成为可能

翻译教学主体的任何交往行为都发生在一定的交往环境之中，交往环境是主体开展交往的依托，离开了这个依托，主体的交往行为就无从发生。交往环境不仅为主体的交往提供诸如空间场所等物质性因素和技术手段等支持，也为主体的交往在心理和氛围方面提供了精神性和心理性因素。交往环境是交往行为发生的前提条件，只有在一定的交往环境中主体交往行为的发生才会成为可能。正如人的生存需要水、空气等基本要素一样，交往环境也为主体的交往提供了基本要素，这些要素对于主体交往的重要性堪比水和空气对人生存的重要性。

只有在一定的交往环境中，翻译教学主体的交往才会成为可能。从本质上说，交往互动实际上体现了交往个体与环境之间相互影响的关系。交往环境的创设是翻译教学主体交往体系建构中的一个必不可少的步骤，从一定意义上说，创设交往环境就是为翻译教学主体的交往做准备，为翻译教学主体的交往在物质、心理和技术上提供支持和保证，创设了交往环境就等于为交往主体的交往搭建了一个特定的交往舞台，离开了这个舞台就没有交往行为的发生。

（2）制约和影响交往行为

按照环境心理学的观点，人的行为与环境关系密切，总体来看，人的一切行为不仅总是在特定的环境中发生，而且与环境有着某种对应关系。翻译教学主体的交往环境是一种特殊的社会环境，对翻译教学主体的交往行为产生了深远的影响和制约作用，在翻译教学过程中发挥着独特的功能，从这一点上说，我们应该重视翻译教学交往环境的创设。

（3）影响交往效果和交往目的的实现

翻译教学主体交往环境创设的状况对于主体的交往行为产生着制约和影响作用，直接影响了交往效果和交往目的的实现。一般来说，在良好、完备的交往环境中，交往主体的交往行为顺利，交往效果就会相应提高，交往目的也会顺利实现。反之，交往效果就会差强人意，交往目的也难以实现。因此，在交往环境的创设中，必须对其加以完备和完善，以提高交往效果，实现交往目的。

相关的教育实验研究表明，为学生创新素质的健康发展创造良好的环境是创新教育的根本所在。教师并不能直接给予学生创新素质，创新素质是学生自主发展的结果，而且只有在适宜的教育教学环境下，这种发展才能成为现实。因此，为学生创新素质的健康发展创设适宜的教育教学环境是教育工作者的重要责任。

2. 建构主义学习观与交往环境

建构主义学习观的核心观点是反对传统教学中的教师向学生灌输知识的做法，认为学生应该成为教学活动的中心，强调学生在知识学习中的主动性，即主动探索知识、主动发现知识、主动建构所学知识的意义。建构主义在知识观、学习观、学生观、师生角色观、学习环境和教学原则等方面都与传统观点有很大的不同，在这几个不同的方面，建构主义都表现出对环境的极大重视。

建构主义的知识观强调知识的情境性，学习过程中总是需要针对问题的具体情境对原有知识进行再加工和再创造，时间、空间和环境影响了知识的建构。在学习观中，建构主义认为知识来源于人与环境的交互作用，学习过程实际上是学习者与学习环境的互动过程。

在学生观中，建构主义认为学生在特定的环境中已经形成了自己的前经验和前认识。学生在学习过程中的主观认识和经验积累非常重要，学生在先前经验的基础上，经过主体个人经验的合理化建构了新知识体系。建构主义的师生角色观认为教师应该创设适当的环境实现学生对知识的理想建构。在建构主义看来，教师本身就是学习环境的组成部分。建构主义教学理念以学生为中心，极为关注学生学习的自主性，而环境在实现这种自主性方面具有极为重要的意义。广义的学习环境包括教师在内的各种教学因素，这些因素共同支持学生的自主学习。

在学习环境方面，建构主义认为学习者对意义的建构和知识的获得总是发生在特定的环境之中。在教学原则上，建构主义更是重视环境的作用，认为学生的学习环境应该成为教学目标制定的重要参照，教学过程中应该给学生提供真实的环境以供学生进行学习活动，所提供和设计的环境应该具备一定的复杂性，能够激发学生进行创造性思考和思维。

建构主义提倡学习者自主学习、探索学习、发现学习和合作学习，而这一切都依赖于适当的环境，因此建构主义非常强调对环境的创设。这种创设的针对性非常强，一定要与当前的学习主题密切关联，要尽量创设真实的学习情境。

3. 交往环境的创设原则

多极翻译教学主体交往环境的创设必须遵循以下原则：目的性原则、系统性原则、多极主体共同参与原则、主体融入与超越原则、不同环境互补原则以及充分利用当地资源原则等。

（1）目的性

实现交往是建构翻译教学主体交往体系的全部归结，交往目的对翻译教学主体的所有交往活动发挥着导向性作用。应该说，交往目的统领着整个翻译教学主体交往体系的建构，是所有交往行为的努力方向，翻译教学主体交往体系中的所有参数都应围绕交往目的的实现进行设定，交往环境作为这个系统中的重要参数，其设定自然也应体现目的性原则，以实现交往目的为旨归。例如，师生与翻译市场之间的交往目的主要是培养学生的翻译实践能力，那么在师生与翻译市场之间交往环境的创设上，就应该注重创设以真实翻译项目为基础或者模拟真实翻译项目的交往环境，以培养学生的翻译实践能力。

（2）系统性

系统指相同或相类似的事物按一定的程序和内部联系组合而成的整体。“系”指相互联系，“统”指将各部分统一为有机的整体，“系统”是由许多相互联系和相互作用的部分按照一定层次与结构所组成的并具有特定功能的有机整体。翻译教学主体交往系统包括的参数有交往主体、交往过程、交往目的、交往中介、交往环境以及交往模式。在整个翻译教学主体交往系统中，交往环境只是整个系统中的一个参数，与其他交往参数共同组成整个交往系统并通过与其他参数之间的相互联系和相互作用维持整个系统的运转。因此，探讨交往环境的创设离不开对交往系统的整体观照，也必然要求创设者充分考虑交往环境与其他交往参数的关联以及不同参数之间的关系。

（3）以教师和学生为主、多极主体共同参与

多极翻译教学主体是翻译教学交往环境的“主人”，所有的主体必须充分参与交往环境的创设，这从一个方面体现了交往环境创设的整体性原则。但多极主体共同参与交往环境的创设并不意味着没有创设中心，实际上翻译教学交往环境的创设应该以师生为主，毕竟师生是整个交往过程中最为活跃的因素。在这里，我们尤其要积极呼吁学生在交往环境创设中的充分参与。

（4）主体融入与超越环境

主体的任何交往行为都发生在一定的环境之中，同时主体本身也是交往环境的构成因素。因此，交往主体必须融入交往环境，交往环境的创设必须注重交往主体与环境的统一性，注重两者之间的内在关联，强调两者之间的整合与和谐。同时，交往主体又是交往环境的创设者和改进者，能够选择、审视和评价自己所处的交往环境，因此从这一意义上来说，交往主体又能超越交往环境。总体来说，交往主体与交往环境之间存在着既相互独立又相互联系、既有矛盾又相互统一的关系，这就要求交往主体在创设交往环境时能够融入交往环境，同时又能够超越交往环境。

（5）不同环境互补

不同类型的交往环境在主体交往中发挥着各自独特的作用，同时也有自己的局限之处，任何一种类型的交往环境都不能单独发挥交往环境的整体功能。因此，在创设交往环境时，我们必须关注物理性交往环境、心理性交往环境和技术性交往环境在功能上的互补。

第二节　翻译教学存在的问题与发展思路

一、翻译教学存在的问题

目前，关于翻译教学争论的问题很多，持有不同的翻译教学观点往往会产生完全不同的翻译教学体系和培养模式。其中的关键问题是翻译教学理论与翻译教学实践如

何结合，翻译素质和翻译技能如何培养。我们的翻译教学虽然取得了一定的成绩，但也存在着许多问题。

（一）把翻译教学等同于外语教学

许多学校常常以外语教学的模式来讲授翻译教学，教师把大量时间和精力用在纠正语法、惯用法等方面。我们的教材上经常有“把下列句子译成英语”这样的练习，这其实是对学习者的误导，因为这种练习只不过是让学生一遍又一遍地复习语法和生词，语言实践完全失去了翻译本身所需要的神似和形似。事实上，翻译教学不是外语教学，而是外语教学的辅助，通过翻译实践，可以发现学生在外语学习方面的弱点。翻译教学属于特殊的教学范畴，它是集理论和实践于一身的教学。翻译教学是教导学生如何利用翻译过程中所需要的理论和原则指导翻译实践，翻译教学必须是在翻译理论指导下的教学活动。有的同学对翻译理论和翻译技巧等知识知之甚少，常常把原文按字面意思翻译出来，却译不出其中的内涵和韵味。

（二）缺乏语篇意识的培养

由于东西方文化的差异，汉语文体和语篇发展同英语文体和语篇发展有着很大的不同。中国学生受到母语的影响，常常用汉语的语篇结构去理解英语的语篇结构，结果全篇译文是英语的文字、汉语的结构，好像洋人穿着唐装，看起来总是不太舒服。目前，一些院校的翻译教学常常忽视对语篇和文体的认识，认为语篇和文体是写作课或阅读课中的内容。由于缺乏语篇和文体方面的知识，许多学生用不适合该文体的文字进行翻译，用不正确的语篇结构布局谋篇，翻译出来的东西自然就不伦不类。

（三）缺乏对目的语国家的文化知识的积淀

翻译的时候，我们常常会遇到一些生活常识、历史事件、典故或英语习语方面的问题。这些背景知识是学生文化功底的反映，但我们的语言教学常常忽视与之相关的文化内容而孤立地教授抽象的语言现象。我们的学生无论是笔试成绩还是口头表达能力都很好，对语法、词汇的运用也恰到好处，但当这些学生从事翻译工作时，由于对英语国家的文化知识缺乏基本的了解，经常弄出许多笑话。语言是为了更好地交际和交流，缺乏对文化知识的了解，肯定会产生理解上的障碍，进而影响使用。

（四）汉语功底薄弱

一篇好的译文，既要求对原文的理解正确无误，又要求译文的语言通顺流畅，要达到后者的要求，就必须有较高的汉语水平。有的学生常常心里明白译文的含义，却苦于无法用恰当的汉语表述出来，译出的句子根本不符合汉语结构，洋话连篇，不知所云。因此，翻译教学中的一个关键性的环节就是汉语教学。目前，很多高校不再开设汉语言文学，不能不说这是一个很大的失误。

二、翻译教学的发展策略

（一）实施翻译理论和翻译实践相结合的教学

翻译是一个动态的译者思维和决策的过程。翻译学习者首先应体会较为成熟的译者的思路和翻译原则，然后再学习他们的具体翻译方法和技巧，翻译理论和原则较之具体的翻译方法更具有普遍性和指导性。作为教师，在进行翻译教学之初，应向学生介绍翻译理论，使学生对翻译的标准和原则有一个初步的了解，然后在此基础上进行大量的实践。翻译是一门技巧，它需要不断的训练才能够达到完善的目标。虽然翻译是在翻译理论的指导下进行的，但是翻译实践不是理论研究，学生需要的不是理论术语，而是理论指导下的实践。因此，在教学中不必花费过多的时间和精力学习理论。在翻译教学的同时，不妨开设某些背景学科，如社会语言学、传播理论、文学批评、资料使用和编辑业务等。在进行翻译实践时，选择的语言材料应注意从内容到形式的多样性，强调对学生的译作进行中肯的讲评，研读职业译者翻译的同一文本的不同译本，并且分析优秀译作的独到之处。通常来说，学生从对他们自己的译作进行的富有成效的讲评中学到的知识，远比他们从背景理论或罗列一大堆原则的做法中学到的要多得多。

（二）注重对语篇意识的培养

译者承担的翻译任务大可是一部著作，小可是一篇文章或一份简短的说明书等。对翻译学习者来说，主要是翻译短小文章或长篇文章的节选段落（其篇章结构及内容都有一定的完整性）。翻译教学中，教师要逐步培养学生的语篇意识，即从大处（篇章和段落）着眼、小处（词和句）着手的翻译思路。首先，要引导学生分析文体类型及风格，文体不同，语篇在翻译策略及方法上会出现不同程度的差异。文体类型按翻译练习的需要可分为叙述描写、说明论说及应用文体三大类。叙述描写主要指小说、回忆录、游记、抒情类散文以及报刊上的记事文章。说明论说主要指社科、科技理论类书籍或论文，报刊文章、社论、评论及议论类散文等。应用文体则一般包括公函、广告、说明书等。不同文体，其翻译策略是不尽相同的。至于风格，则指作者在语言表现风格上的特点，如华丽与平实、繁丰与简洁等。一般来讲，译者要力求使译文在文体及风格上与原文保持一致。

（三）加强对目的语国家的文化知识的学习

翻译教学的教师要鼓励学生充分利用课外时间扩大自己对目的语的语言和文化知

识的储备。首先，教师要正确引导学生在课外去阅读一些英美文学作品和英语报纸、杂志，增加中国文化（包括汉语）、世界文化及所学语言国家概况等知识，留心积累有关文化背景、社会习俗、社会关系等方面的知识。这将十分有利于培养学生跨文化交际的意识和能力。其次，教师要鼓励学生多看一些英美原版电影和录像片。这不仅是因为大部分电影或录像片的内容本身就是一种文化的某个侧面的缩影，而且通过观看片中演员的表演，学生可以了解和学到许多与英语文化有关的非语言交际的方法和手段。此外，教师还可以多安排学生选修一些具有专业倾向的学习内容，如外交、经贸、新闻、师范等。

（四）加强英汉语言的宏观对比

英汉对比包括微观与宏观两个部分，后者对翻译教学更具有指导意义。宏观对比主要包括：形合与意合、葡萄型结构与竹竿型结构、静态与动态、浓缩型与展开型、抽象与具体、物称与人称、中心前置与中心后置、主谓型语言与主题说明型语言、替代和重复、英汉审美价值与表现法比较、英汉信息传递模式的比较等。例如，英语美在结构严谨、意合力强、音律悦耳、意境深远，重主观感受。因此，汉英翻译时一些附于客观描写之中的夸张的心理感受常常略去不译。这样的汉英语言宏观对比，常常使翻译效果事半功倍。其中，叙事原则、论理原则、对比原则、信息值比较原则和语篇连贯原则更能迅速、便捷地进行英汉信息传递。这样，学生在翻译时，思维能从低层次的语言形式层面跳出，在高层次的语义和逻辑关系层面驰骋。英汉语言的宏观对比最终应发展到篇章上来，只有在篇章中才能充分培养学生的逻辑分析能力，并使学生形成对语篇衔接和连贯的意识、对全篇风格和意向性的整体把握等。

今后的翻译教学不再是单纯的文学翻译教学，它是综合知识体系教学的高度概括，是以培养学生翻译能力为目标的教学，对教师有着较高的要求：教师要把握正确的教学方向，多指导、勤点拨，不断丰富自身的知识修养。翻译常常需要思考和灵感，要给学生充分的时间进行思考。实践是提高翻译能力的捷径，要不断地给学生实践的机会，要同翻译理论相结合，灵活运用翻译原则和标准，进而不断提高翻译水平。

第三节　英语翻译教学的模式创新探索

一、以学生为中心的英语翻译教学

（一）“以学生为中心”的教学概念

“以学生为中心”的教学是由于教师仅作为知识的传授者和指导者已远不能满足教学的需求，因此教师应通过多种途径突出学生的中心地位，形成课堂上的新型师生关系的一种教学模式。这种教学模式认为翻译是对两种语言的创造性运用，因此翻译活动应涵盖在交际框架下的语言活动、文化活动、心理活动等。这种教学模式重视英语翻译教育的发展趋势，特别重视翻译教学环境和学生作为教学主体这两个因素。由于翻译教学环境趋向于提倡形成一种交际性的课堂教学形式，也就是要努力创建一种能培养学生独立开展创造性语言转换以及语言交际的环境，因此也就应该特别重视社会背景和文化迁移在翻译教学中的作用。此外，这种教学模式认为教师不应再被认为是翻译训练中的带头人、翻译材料的介绍人或译文好坏的评判者，而应在翻译教学的过程中，明确学生才是积极的创造者，而不是消极的接受者，要重视学生的不同个性、学习风格、学习策略以及在学习过程和学习内容上的智力因素。总而言之，以学生为中心的翻译教学就是要充分重视学生在学习过程中的积极作用，充分调动学生学习的积极性，要尽量让学生自己控制学习内容和选择方法，鼓励学生参与到教学活动的各个环节中来，鼓励学生更多地对自己的学习负责。

（二）“以学生为中心”的教学特点

1. 教师引导，学生为主体

在传统翻译教学模式中，教师通常处于相对的权威地位。因此，我们常常可以看到教师在讲台上一板一眼地讲，学生在台下不停地记笔记，这也是一种“填鸭式”的教学方法。而“以学生为中心”的教学模式则要求实现教师角色的转变，也就是要将教师角色由主演转变为导演，从而更好地引导、辅助学生学习翻译；而将学生转换为主演，掌握翻译知识并付诸实践。

2. 教师和学生融洽合作，教学突出实践

与传统翻译教学模式“以教师为中心”不同，“以学生为中心”的翻译教学模式强调翻译教学过程中学生的主体性。认知理论认为，教学不是知识的“传递”，而是学生积极主动的“获得”。在“以学生为中心”的翻译教学模式中，在课堂上教师与学生应建立积极的合作关系，也就是说双方扮演翻译教学中的合作者。

实行“以学生为中心”的教学模式并不代表教师失去权威性，仍要以教师作为课堂活动的引导者，采用多种途径突出学生的中心地位。传统的教学法一般是“以教师为中心”的教学方式，这种教学方式通常将改错作为教学手段，将教师提供的参考译文作为翻译课的终极目标，不符合真实情况下翻译的本质特点，在一定程度上扼杀了学生学习翻译的主动性与创造性。可见，传统的翻译教学方式由于过分依托教师的主导地位，从而在很大程度上忽视了学生的主体地位，也就很难激发学生的积极性，不仅学生没有选择回答问题的机会，而且教师也很难把握学生的真实需求，

“以学生为中心”的翻译教学模式，首先就是让学生在“译”中学习技能。同时，翻译是一门理论与实践相结合的课程，王鸣妹在论文《如何改进英语翻译教学》中提出了“好的理论以实践中获得的材料为依据，好的实践又以严谨推断出来的理论为指导……”的观点。她认为学生在学习英语翻译的过程中要以理论为基础指导，通过进行大量的实践练习和与参考译文对比来使他们更好地掌握所学的翻译技巧，从而可以进一步提高翻译能力。

正如黄青云在其论文《翻译观念与教学模式也应“与时俱进”》中所说的一样，新的现代教学理念认为，在翻译课上，应先鼓励学生去译，在‘译’中学习。也正是因为学生在译的过程中，需综合运用原有的知识经验，查阅工具书及其他相关资料，所以学生可以从新的角度去思考和考虑已学过的内容，并能有时间去理解这些理论和翻译技巧或方法，最终达到掌握相应知识和积累经验的目的。

3. 共同参与评价

“以学生为中心”的教学方式要求改变传统的以教师为主体的评价方式，并要实现评价主体多元化，选择学生间、师生间自评和互评相结合的多层面评价方式。至于如何将评价权力充分赋予学生，则应通过以下几个步骤来实现：①教师应先将学生分成若干个小组；②在完成一种翻译方法或技巧的详解和示例后，教师应给学生布置课前选定的相应翻译练习；③学生完成练习之后，可以考虑进行小组讨论进而评选出能够获得小组成员共同认可的较好译文；④教师检查完各小组译文之后，应对其分别加以评价，并指出这些译文中翻译较好的部分和不妥之处；⑤教师还应为学生提供参考译文，并鼓励学生指出其中可能存在的不足之处，进而达到师生共同探讨某种译法的效果。

4. 重视学生独立翻译能力的培养

“以学生为中心”的翻译教学模式旨在培养学生独立的翻译能力，而不是只教学生学会翻译某些句子或文章。这种教学模式重视翻译过程，旨在通过教师的指导，帮助学生学会如何理解原文，并且通过恰当的技巧来表达自己的译文。此外，为了树立学生的自信心，教师必须对学生的作业持积极的肯定态度。

（三）“以学生为中心”的教学活动安排

1. 开列阅读书单

由于翻译是一项实践性较强的活动，所以在翻译教学的所有阶段都必须重视实践练习环节。翻译课程安排应以实践活动为主线，但也要重视理论指导实践的重要作用。应当清楚的是，如果离开了科学的理论指导，也就没有办法采取高效的实践活动。因此，为了帮助学生在较短的时间内掌握科学的翻译理论知识，教师推荐阅读书单是一个很好的办法。教师可为学生推荐如《翻译简史》《翻译理论与技巧》《中英文化习俗比较》等方面的书籍，学生可以通过这种方式学会用普遍的原理来处理个别的实例，之后再经教师的指导，学生就可以将实例与理论结合，做到真正的融会贯通。

2. 多进行笔译、口译练习，消除文化障碍

学习口、笔译的学生要具备坚实的双语素养、文化知识和运用翻译策略的技巧，特别是在口译教学中，还要具备一定的跨文化沟通认知。许多口译初学者在翻译过程中出现错译或误译，并非因为他们的语言能力欠缺，而是因为他们遇到了无法解决的文化障碍。因此，只有不断进行翻译实践，才能消除可能出现的文化障碍。

3. 采用多媒体教学手段

由于语言运用是一种多感官的体验，可以通过不同的媒体或者不同的感官渠道传输语言信息，所以很有必要采用现有的多媒体技术进行英语翻译教学。目前，很多学术讨论会、记者招待会或者国际之间的互访宴会等都会采用同声翻译录像、光碟，在翻译教学中就可以利用这些录像、光碟来创造模拟的现场效果，从而进行英汉或其他语言的互译实践。

（四）“以学生为中心”的教学不足

“以学生为中心”的翻译教学模式并不是一种十全十美的教学模式，它同样也存在以下局限性。

（1）如果同一组学生在一起讨论问题的时间过长，一些学生的精力就会逐渐分散，有时候他们会讨论某些个人的事情，忘记了正在进行中的问题。

（2）这种方式会助长部分学生的惰性，特别是那些经常处于中下水平的学生。他

们会依赖小组成员而不去思考，他们常常只会等待其他人来回答，也就是说会出现“窃取他人成果”的现象。

（3）这种教学模式会让部分学生感到困惑，尤其是那些处理语言解码和语言编码能力较差的学生，这种教学方式会使他们对自己的翻译能力感到自卑。

二、翻译教学中跨文化意识的培养

（一）跨文化意识的概念

跨文化指的是不同民族文化之间的交流与对话。随着经济全球化、政治一体化以及社会活动的全面发展，世界各国之间的跨文化交流也越来越频繁，很多有着不同文化背景的人相互交流的趋势也在不断加强，而在这个过程中，语言就成了他们进行交流和沟通所必需的工具。由于语言和文化的关系通常是密不可分的，而语言又是文化的重要组成部分和突出表现形式，因此可以说语言就是文化的载体。反过来，各民族的不同文化又深深地根植于不同的语言之中，人类的文化交流有着悠久的历史，它随着语言的产生到现在，一直通过语言进行交流。而不同的文化之间进行交流（跨文化交流）就必须通过翻译来实现。著名作家于冠西先生曾说过：“人类文化从整体来说，是各国、各民族文化汇聚、交流的产物。”可见，如果没有翻译，跨文化交流也就不可能得到实现。作为跨文化交流的桥梁，翻译在信息传递的过程中起着非常重要的衔接作用，这也就使得翻译人员的重要性得到充分展现。

跨文化意识作为跨文化交际研究的重要内容之一，是指外语学习者对于所学习的目的语文化具有较好的知识掌握能力和较强的适应能力与交际能力，能像目的语本族人一样思考问题并做出反应，以及进行各种交往活动。或者说，跨文化意识指的是外语学习者在跨文化交际中所特有的思维方式、判断能力以及对交际过程中不同文化因素的敏感性。在交际过程中，参与者具备这种意识就会受到启发和指导，而不受文化差异的负面影响。在无具体交际事务时，它仍然能够对学习者的学习和思考起着引导作用。

虽然翻译人员非常重要，但是如果译员对语言所承载的文化不甚了解，也就不能准确无误地表达出原句所要表达的意思。因此，多数的译者会在跨文化的交际中促使自己自觉或不自觉地形成一种认知标准和调节方法，即形成一种跨文化意识。也就是说，跨文化意识是译者所特有的判断能力、思维方式以及在交际过程中对文化因素的敏感性。

（二）在翻译教学中培养学生跨文化意识的方法

为培养学生的跨文化意识，教师应在训练学生掌握语言基本功的同时，帮助他们熟悉交际文化因素，并使其能够深入了解和掌握文化知识的内容。通常在翻译教学中会采用以下几种策略来处理翻译中的文化因素。

1. 重视文化知识

教师在进行翻译教学时，不应忽略文化知识要点的教学，要注意语言和文化知识的结合。课程结束时，教师要对语言知识和文化知识进行一个小结归纳，使学生的语言文化知识系统化。尤其应该注意的是，在期中和期末考试的试题中，文化知识的考核应占有相当的比例。

2. 运用灵活的教学手段

在进行英语翻译教学时，教师要灵活地运用教学手段，可采用英语实景、电影纪录片、VCD 或多媒体等直观教具进行教学，在教学结束后，还要组织学生进行讨论。教师应提醒学生在观看纪录片或 VCD 的时候，注意片中西方人日常生活的情景。比如，餐馆服务员和顾客的对话、打电话时的习惯用语、大街上相遇时的交谈等。看过之后，教师可以和学生交换意见，并通过追忆片景，相互提醒，补充片中的对白、旁白、独白等。这样的教学方式对学生获取基本交际文化知识十分有效。

3. 提高学生的阅读量

教师应根据各年级学生的英语学习程度，在教学中有选择性地、适当地引入英语国家出版的涉及国家文化内容的书籍、报纸、杂志等，并将其作为学生的阅读材料，以此扩大他们文化知识的宽广度和增加他们对英语国家文化知识的了解程度。教师也可以通过布置学生阅读短篇故事或剧本的方式，要求他们记下其中有意义的文化细节等。事实上，在西方国家，以现实生活为题材的小说、剧本等材料中都包含了大量西方文化方面的内容，对于学生提高其对国家文化的了解很有帮助。同时，提倡学生阅读有关历史、人类学以及社会学方面的书籍，不仅可以帮助学生了解体现其他国家文化的具体实例，而且还能使其掌握一些与文化有关的概念与指导原则。而通常情况下，概念与指导原则往往比实例更为重要，因为他们会给学生提供一个合理的结构，借助这个结构，学生可以更加细致、深入地对本国及别国的文化进行仔细考察。这样一来，学生也就可以用一种比较灵活的态度来尊重、对待这些文化差异，也就不会固执地按本文化的模式看待其他文化。除此之外，一些跨文化交际学方面的书籍还可以帮助学生提高对文化差异的理解与认识，这方面的书籍有《跨文化交际学概论》（胡文仲）、《超越语言》（鲁枢元）、《中英（英语国家）文化习俗比较》（杜学增）、《英语习语与英美文化》(平洪、张国扬)、《跨文化非语言交际》(毕继万)、《从翻译史看文化差异》(王克非)等。

4. 合理运用外籍人士资源

合理运用外籍人士资源是指外籍教师作为短期讲者给学生讲课，或定期请外教、外国专家做相关文化的专题或系列讲座。部分学校常常会举办一些价值观念、思维模式等与西方文化有关的报告或讲座。这些活动常常被学生认为是实例新颖、生动幽默、趣味盎然的活动，在学生中广泛受到欢迎。同时，也因为这一做法投资相对少、效果佳，现在已经被证实是非常适合我国现阶段大部分地区高校实际的优选教学法之一。除此之外，大多数学校都十分鼓励学生与母语是英语的外国人进行个人交往，其原因在于轻松的个人间的交往有助于学生学到许多课堂上学不到的东西。但到目前为止，这样的交往在很大程度上受到各方面条件的限制，因此开展得不够普遍。

5. 将教学内容融入相关的文化

在教学中，教师应结合具体情境将教学内容融入相关的文化知识之中，教师可以利用课前几分钟，讲解英、美国家的有关知识，特别是文化差异方面的知识。例如，到了 4 月 1 日，教师可以先给学生介绍西方愚人节的相关知识，同时也要告诉他们过节日的目的是彼此开心而不是恶作剧。在介绍感恩节之前，教师可引导学生将自己了解到的感恩节内容与中国中秋节内容进行对比，然后也要指出尽管我们国家没有感恩节，但是我们也要对父母、朋友心存感恩。圣诞节是英语国家最重要的一个节日，就像春节是中国人心目中最重要的节日一样，而且两者之间存在着许多的共通之处，如圣诞大餐和除夕团圆饭、接送圣诞礼物和给压岁钱等。在师生的热烈交流中，学生得以了解更多的西方文化，并运用到学习实践中。

由于培养学生跨文化意识的方法多种多样，不同的施教者所采用的方法也不尽相同，所以取得的效果也就存在着差别。长期以来，国内外研究者对培养跨文化意识的有效方法的探讨一直没有停止过。相信随着跨文化交际学、人类学、社会学、社会心理学和教学法等学科研究的发展，人们会探索出越来越好的培养跨文化意识的方法。

第六章　高校英语翻译的教学模式探索与差异研究

第一节　国内外高校英语翻译教学模式概述

一、国外高校翻译教学模式

（一）英国

英国本科阶段开设翻译专业的大学不多，大约只占 1/3。研究生层面的翻译教学比重偏大，教学培养模式呈多元化趋势，而且不同类型的翻译教学由于培养目标和培养方式的差异，在课程设置和师资配置上不太一样。纵观近几十年翻译教学的发展，英国的翻译教学可粗略地划分为以下四种培养模式。

1. 以会议翻译（口译）培训为主的职业培训

该培养模式是各大学举办的翻译培训班，学习结束后发放翻译证书或翻译文凭。这类学校沿用了法国巴黎高等翻译学校的培训模式，培养对象以口译或会议翻译人才为主。这类教学积极应用达尼卡·塞莱斯科维奇的释疑理论，将翻译视为交际行为而不是交际结果，注重翻译中译员的心理过程。此外，译者被看成画家而不是摄影师，译者必须传译的是原作的思想而不是词句和语言结构。也就是说，翻译的单位是篇章，是话语，而不是词或句子。这类学校注重技能训练，强调训练程序与方法。教学中重视培训译员听译篇章、分析内容，利用形象化等手段记忆信息内容，归类、听懂并记住数字，复活大脑的被动记忆，并学会一边听一边译，使语言表达清楚准确。教授翻译的人员大多是职业会议译员或译者，同时懂得教学方法。他们要求学生的第一外语或第二外语达到理解无特殊困难，母语表达准确、贴切、娴熟的程度，其智力和分析综合能力及文化修养应达到较高水平。课程设置除了即席翻译和同声传译，还讲授经济、法律、语言学、翻译理论等课程。为保证学生熟悉未来职业，学校常邀请一线的口、笔译工作者来校讲学，以保证学生与该行业职业者接触，并常在毕业前安排学员赴校外相关机构或国际组织进行实习。

2. 以德国翻译教育家威尔斯的语言学理论模式为基础的教学方法

这种模式主张将专业知识的翻译视为应用语言学的范畴，在四年的翻译教育中将语言的学习与翻译技巧的训练结合起来，以培养复合型翻译人才。其培养模式以赫瑞瓦特大学语言学院苏格兰口笔译研究中心为代表。其培养目标、课程设置和教学方法充分体现翻译语言行为的理论思想与特点。口、笔译研究的培养目标是使语言学的毕业生掌握宽泛的口、笔译特殊技能，以适应多种职业的要求。其博士学位的主要研究方向是口、笔译研究，话语语言学和交际学。口笔译研究中心开设的主要课程有对比语言学，翻译理论，准备和现场翻译，笔译研究，会议与联络翻译，改写、编辑、摘要与校对，科技与翻译，双语社会与文化研究等。然而，口笔译研究中心的教学内容并不严格地局限于狭隘的翻译，除了语言教学、应用语言研究之外，还要求学生学习社会、文化、政治和经济方面的知识。口、笔译专业的研究方向也十分广泛，如技术翻译、机器翻译、文学翻译、媒体翻译、会议翻译、联络翻译和翻译理论等。

3. 功能主义理论的培训模式

以弗米尔为代表的翻译功能学派主张考虑译者的翻译环境，不能将翻译局限于语言学或文学的狭隘层面。译者应在跨文化的交际中发挥相应的功能。采用此理论的教学机构在翻译领域或语言学领域的学术实力较强，往往采用学院式培养模式培养专家学者型的翻译研究人才，沃里克大学英国与比较文化研究中心是这类培养模式的代表。沃里克大学始建于 20 世纪 60 年代中期，该校的英国与比较文化研究中心始建于 1977 年，如今已是英国最大的翻译研究与教学基地，能够授予翻译研究的学生学士、硕士和博士学位。从该研究中心的名称可以看出，该校的翻译教学与文化研究紧密联系在一起，教师都是翻译家，其研究兴趣几乎涵盖了文学和文化的各个方面：翻译理论与实践、翻译史、后现代主义批评、马克思主义批评、美国文学、文艺复兴时期的诗歌、英国黑人文学与文化、妇女文学、加勒比海地区研究、后殖民主义文学、爱尔兰研究、英伦三岛比较文学等。课程设置包括核心必修课、选修课和论文写作。翻译研究生的核心必修课包括“翻译与接受研究”和“翻译理论史”。前者将翻译视为“文学变化与发展的塑造力量”，分析考察“不同文化之间文本的传播过程”，考察翻译在文学系统中引进新观念、新形式、新类型的方式，并且考察不同文化的读者接受文本的方式；后者旨在考察翻译理论的起源、翻译态度的变化，以及翻译评价标准的变化和翻译实践模式的变化。翻译研究的选修课程极其广泛，主要有以下几门：诗歌与翻译、戏剧翻译、翻译与性别、翻译与后殖民主义、学习方法论与研究技巧等。学生通常要求具有相关领域的知识与经历，并具有相应的学位。可以看出，沃里克大学主要采用学院式的培养模式，培养学术型的翻译人才。翻译类型侧重于笔译，特别是人文和社会科学的翻译，自始至终强调翻译的文化功能、社会影响与接受文化的态度及其作用。

4. 计算机辅助教学模式

计算机辅助教学已经在越来越多的学科和课程中得到应用，尤其是计算机智能辅助外语教学，从理论到实践都有令人惊讶的效果，这里以曼彻斯特大学理工学院为典型来研究其教学特点。该校的翻译教学设在语言工程系，是现代高科技、计算机、语言教学、翻译等学科的综合性教学。该系不仅授予翻译研究的学生学士、硕士、博士学位，而且授予机器翻译的硕士学位。曼彻斯特大学理工学院的语言工程系与其他大学的语言学系或现代语言系的区别在于，该校不仅重视学生的语言技巧、翻译能力，而且强调语言知识的作用，强调对不同语言的学习与训练，掌握语言学习的规律。他们认为，纯粹的语言能力在漫长而多变的市场需求和个人的工作经历中很难使学生永远立于不败之地，学生只有熟练地掌握语言学习的规律、方法与使用技巧，才能更好地迎接挑战。以该系开设的术语学课程为例，要求学生掌握术语学的理论框架，利用计算机对术语语料进行分析研究，建立概念结构，认识不同使用者对术语的不同要求，以及术语对信息处理系统的重大作用。因此，该系的毕业生深受市场欢迎，许多人成为术语学的专家、词汇学专家、词典编纂者和文献学专家。该系有关翻译的课程十分丰富，而且富有特色：翻译语言学、翻译方法论、译者信息技术、口译研究、机器翻译、机器翻译评估、计算机辅助翻译、翻译理论、理论语言学、形式语义学、计算词汇学、语料语言学、术语学、言语与语言处理、人工智能以及自然语言处理等。更值得一提的是，该系是英国最大的计算机辅助语言学习基地，研究领域涵盖语言学习、语言学和计算机语言学等纯理论研究和应用研究，主要研究课题包括语言工程、理论语言学和翻译研究。

（二）法国

在法国的文化生活中，翻译有着举足轻重的地位。随着社会的发展与国际交流的日益频繁，翻译将占有越来越重要的地位。在法国，直接或间接从事各种翻译的人员也越来越多。培养译员是一项重要的任务，法国在翻译人才的培养方面，积累了相当多的经验，翻译教学比较受到重视。法国的翻译教学可以分为职业翻译培训、与其他专业方向配合的翻译教学和以教授语言为主要目的的翻译教学。按照心理教学法理论，“教学目的、目标、方法和手段不能从一个专业照搬到另一个专业，而应该对其进行思考，以使其适应当前教育遇到的新形势”。培养目标不同，教学内容、方法和手段必然不同。

1. 以职业培训为目标的翻译教学

（1）巴黎高等翻译学校

该校专门为联合国教科文组织、北大西洋公约组织等国际机构培养国际会议译员和笔译人才，学生来自全球的各个国家，涉及 40 多种语言。该校招收对象为文、理、法、社会学各科大学毕业生，新生没有数量限制，但入学考试十分严格，除了翻译需要的相关能力的考查外，还对其未来将适用的工作语言水平要求很高。学校下设三个系：口译系、笔译系和研究生系。口译系学制两年，第一年学习即席翻译，第二年学习同声传译，同时开设经济、法律、语言学、翻译理论、术语学等课程，每周总课时大约 24 小时。笔译系学制一般为三年，第一年开设基础翻译课，第二年开设经济翻译课，第三年开设科技翻译课，同时开设口译系翻译除外的其他课程。两个系还同时开设母语及外语进修课。两年或三年学业期满，考试及格或论文获得通过者分别发给“会议口译人员高等专家毕业文凭”和“笔译人员高等专家毕业文凭”。学生毕业后，大部分投考各国际机构的翻译部门，也有一部分毕业生为了工作自由不投考国际机构而分别向各国有关机构申请自由译员的工作执照。60 多年来，该校为联合国、欧盟以及西方各国的外事部门培养了一批又一批的高级翻译人员。巴黎高等翻译学校以塞莱斯科维奇的翻译理论为翻译教学的理论基础，该派理论运用语言学、逻辑学、心理学的成就来阐释翻译的理解和表达过程。其核心思想正是对穆南、贝尔尼埃和阿尔比的语言学译论的继承。这一核心思想就是翻译的主要目的是译意，而不是源语的语言外壳，提倡在翻译中进行“文化转换”。翻译理论提出的翻译程序是理解、脱离源语语言外壳和重新表达。不可否认，这一翻译理论体系在培养高级口译人才方面是十分有效的。巴黎高等翻译学院的一个重要特色，就是极为重视翻译教学理论的研究，推出了一系列翻译教学研究专著。在翻译教学理论研究方面，该校针对翻译教学的性质、特点、目标、方法，进行了较为系统的探索，提出了许多富有启迪意义的观点，总结了可以借鉴的经验。

（2）雷恩第二大学

该校颁发多语种多媒体交际工程学职业文凭，用 10 年左右时间发展起来的“语言和技术”专业，主要为翻译机构或公司培养英、法、德笔译人员。这所学校的培养模式同比利时玛丽·哈普斯自由学院接近，但不培养口译人员。学生毕业后以担任翻译、审校、译审、项目负责人等为主。该校的特点是把翻译教学同计算机的使用和专业术语研究及企业需求紧密结合。例如，该校的专业指导教师出版了十几部翻译理论研究专著，研究成果丰硕。雷恩第二大学教授瓜岱克根据职业翻译特点和程序提出了渐进式的翻译教学模式。描述翻译旨在寻找文件的所有重要线索，说明理解阐释文本的环境和条件，找出并翻译关键词，说明主题或主要议题；概要翻译在于使用与文件语言不同的语言提供简要明快的主要内容和情况。按照瓜岱克的说法，描述和概要翻译是所有翻译不可或缺的基本能力，是职业翻译的最佳模式。从教学法的角度讲，这是尊重学习进度的理智方法，可以帮助理解要翻译的文件，建立合理的术语库。译者通过资料查询进行跨文化、跨语言实践和审校实践。该校翻译专业确定的培养目标是：毕业后能在翻译公司或类似机构承担职业翻译、译稿审校、专业术语研究、信息管理、项目管理等工作。该校的“多语言多媒体交际工程学”把翻译培训同广泛意义上的交际和信息传输结合起来，把翻译训练同术语研究结合在一起。换句话说，每一专业翻译训练结束后，学生都要将该领域术语输入计算机进行处理，以供有关企业和个人使用，或编辑成字典出版。随着因特网的广泛应用，不少大公司希望随时从全球各地的网站上了解行业信息，因此对翻译有了新的需求，他们通常不是让翻译公司完整翻译网上的内容，而是要求译者采用“描述”或“概要”的形式对原文进行适当的压缩和摘编，即编译、摘译或译述等，然后视信息情况决定是否需要翻译全文。这也是“描述”和“概要”翻译训练进入培训内容的原因之一。

2. 专业翻译研究与翻译培训

（1）里昂第二大学

该校的语言学和应用语言学专业将语言学同术语研究紧密结合，术语研究重点是医学（以医药学为主）和环保专业。硕士生在学习相关专业的同时在导师指导下从事以法英、法阿、法德为主的双语术语翻译研究。该校与国家科研中心合作，和下属的20多所研究教学单位在以上两个领域的术语研究成果在国内外都享有盛誉。毕业生可以直接进入相关领域从事教学、翻译或其他工作。里昂第二大学为语言学系或商务及法律系的研究生开设了专业口、笔译课程。其授课方法为职业翻译培训，强调翻译思维能力的训练和方法论的应用。

（2）卡昂大学

该校开设法律、人文、语言、自然科学等专业，颁发硕士和博士文凭。人文科学下设的跨学科人文科学研究中心培养硕士和博士生。课程以心理语言学、生理学、口译心理学和认知科学为主，最具特点的是从跨学科角度研究语言、认知和非语言因素对儿童语言发展和交际的影响。近几年对会议口译程序的认知和心理语言学的研究取得了初步成果，在翻译界和心理语言学界产生了一定的影响。

3. 教学翻译——语言教学的一种手段

法国另外一些学校也开设翻译课程，但其目标并非培养职业翻译人员。参加培训的学员毕业后可从事职业笔译，也可从事与翻译没有直接关系的工作，里昂第二大学的外语语言应用专业、拉罗歇尔大学的亚洲商务专业、蒙彼利埃第三大学的外语语言应用专业、里昂第三大学的外语语言应用专业、普罗旺斯大学的语言学及外语语言应用专业、东方语言学院的语言和文化专业等均属于这种情况。翻译在语言教学中只是一种教学手段，目的是帮助学生理解原文的语法、词法等，以逐渐用准确的外语表达思想。随着翻译学研究的不断深入，语言教学更多地引进交际法，课堂上出现了模拟交际场景，原来的单词翻译扩展到句子，句子翻译扩展到连贯的短文翻译，而且教师也在翻译前提供与交际场景相关的信息，更多地注意翻译过程，改善教学环境，学生在交际中学习和掌握外语的速度逐渐加快。

（三）德国

德国有着良好的翻译理论传统，德国功能学派的研究对后续的理论研究以及翻译教学都有深远的影响。

1. 基于现实生活的文本翻译的翻译教学模式

与英国相比，德国的大学一向注重翻译专业人才的培养，并认为每个人都应该享受大学层面的教育。这种专业的教育使得学生要在学校里花很长的时间。例如，一个想要接受培训后成为教师的学生要在学校里花上四年半的时间，这还要看学校类型以及学生走完整套教学体系所花的时间，实习教师要在学校里实习两年，才能成为合格的教师。然而，大学所提供的这种学术训练并不见得是为将来的专业需要所设计的。英语教授实际上是英国文学教授，而文学作品的选择也是因教授的个人研究喜好而定的，并没有考虑课程要求。一般认为，学生的语言能力在入学前就已经获得。在这种情况下，学生语言技能的提高或被视为蹩脚文人，或是无用的装饰。在 1981 年做的一项有关语言课程的调查显示，课程大概有 1/3 都是在进行翻译——译出或译入，而学生的语言能力并没有得到体现，考试通常采用改写与翻译的方法，考试用的文章可能是从某一文学作品中抽取的。整个考试不允许用字典。改写是考查学生运用外语的能力；翻译是考查学生对外语的理解力和改写成母语文章的能力。但这种考试并不能考查翻译能力。

随着经济全球化的进一步发展，国际的交流与合作不断加强，德国的翻译教学也开始与之前的翻译模式——纯文学翻译的外语教学分离，转为基于现实需要的文本翻译的教学模式。这种翻译教学模式并不是要培养专业的翻译者或口译者，而是为了使所有专业语言研究人员能够具有处理日常的或非正式的翻译的能力，并能够监督公共的或正式的文本翻译的质量。对于在训练时翻译文本的选择，也应是那些在真实生活中可以或应该被翻译的文本，比如某个特殊的客户所需要的，或是要对某个特殊观众所说的文本，这样一来学生就可以处理真实的翻译任务了。

在翻译课上，教师可以和学生共同探讨所选择的文本，以及其被翻译的必要性、它的读者、为适应目标读者需要译者对该文本做哪些调整等。任务可以由小组成员合作完成。那些在翻译中可能遇到的问题，比如数字、数据的处理，特定时间，人名、地名，文章修改，文化内容等都可以加到翻译教学中。德国的杜伊斯堡大学也采用了这种基于现实生活的文本翻译的翻译教学模式。这里的学生只有外语专业水平达到一定高度才可以开始翻译工作，第一学期是翻译基础课程，学习翻译的各个方面，比如对不同词汇项的翻译，如何合理使用字典和其他材料资源，对文化因素的翻译，如何调整文本以适应特定读者、语域分析、文本类型、相同文本的不同翻译等。之后的两个学期要学习德译英和英译德。最后一学期是选修课程——学生翻译工作组。这个课程的教师一般都是目的语的本族语者。学生可以在翻译过程中发现很多专业翻译所遇到的问题，并且可以学习如何使用参考资料以及如何加快翻译速度等。基于现实生活的文本翻译的教学模式也是值得我国大学英语翻译教学学习的。文学翻译对于大学外语系的学生来说难度较大，并且对于未来职业需求意义不大。在我国进行大学英语翻译教学时，可以根据学生所学专业和未来职业需求设计翻译教材，翻译的文本可以是科技、商务、旅游和法律等内容。

2. 基于培养文学翻译的翻译学院——杜塞尔多夫大学

以上提到的基于现实生活的文本翻译的翻译教学模式是为了培养更多的具备一定翻译素养的专业人才。在德国，由于所处地理位置、地缘政治和历史等原因，德语和德国民族文学的形成与发展在很大程度上得益于外国文学的翻译，因此文学翻译也占有一定的市场。德语文学史上的许多著名诗人、作家，从歌德、席勒到霍夫曼斯塔尔、里尔克、格奥尔格，到第二次世界大战后的埃里希·弗里德、伯尔、汉特克和恩岑斯·贝格尔，都曾翻译过外国文学作品，为外国文学在德语区的传播做出了贡献。按翻译作品数量计算，德国远远超过英、法等国，但是翻译作品的质量不尽如人意。受传统观念影响，译事不为学界看重，译者的社会地位较低，报酬也偏低，多数情况下不能靠翻译稿酬维持生计。

在正规的高等教育中没有设置专门培养文学翻译人才的专业，对外国文学作品的书评也很少涉及翻译本身的问题。针对上述情况，杜塞尔多夫大学文学院以法国文学专家尼斯教授为首，聚集了一批对跨国界、跨文化的语言与文学交流及翻译理论感兴趣的教师，深感有必要成立一个新的专业，制订完备的教学计划，更科学、更系统地培养文学翻译人才。他们认为，面对不断扩大的职业需求，传统的、通过自学摸索的方式造就文学翻译人才的办法，无论对译者、出版社和读者都是事倍功半，不能再继续下去，这一重要的跨文化传播工作的职业化已刻不容缓。杜塞尔多夫大学文学翻译专业教学计划规定，学制（包括毕业考试）为 4 年 3 个月，达到毕业要求须完成的课时为 160 个学期周课时（修读 1 门 1 学期、每周 2 课时的课程可获 2 个学期周课时）。其中必修课和限制性选修课计 148 个学期周课时，与其他文科专业相比，任选课比例稍低一些。完成教学要求、通过毕业考试者获“硕士翻译”学位。可供选择的外语为英、法、西、意，因为这四种语言的译本占全部翻译作品的 4/5。学生须从这四种外语中选择一门主修专业方向和一门辅修专业方向（英、法两种语言中必选一门），另外还必须辅修德语（目的语），作为第二门辅修专业方向。主修外语占总课时的一半，共 80 个学期周课时，两个辅修语种各占 40 个学期周课时，这就是说，学生至少需掌握两门外语，能翻译两种语言的文学作品。文学翻译专业十分注重理论与实践的结合。教学计划规定，每个专业方向（包括主修和辅修）的教学都包括理论性课程与实践性课程两方面。以主修专业方向为例，学术性、理论性课程必须修满 36 个学期周课时（必修课），其中语言学和文学各占 16 课时，具体课程有语言学导论、语言史、20 世纪语言、词汇学、语义学、句法、语言变体、文学导论、文学史、20 世纪文学、语篇分析基础、文学的接受、类别文学专题等，翻译比较占 4 课时。语言与翻译实践课、必修课、限选课共须修满 32 课时，具体课程有语法对比、词汇对比、成语对比和大量的文学翻译实践课，以外译德为主。这里，文学的概念比较宽泛，既包括严肃文学和消遣文学，又包括讲究文笔的人文科学文章。在翻译实践课中，学生要练习翻译各种文学门类和体裁的文章，如散文、小说、随笔、韵文、戏剧、舞台剧、广播剧、影视作品以及论说文等。到高年级时，每个学生都须选择一个重点领域，深化提高。另外还有跨语种的、以翻译学中普遍的共同问题为内容的课程（占 8 课时），如翻译导论、翻译理论、翻译史和翻译工作者职业概貌。特别要指出的是，该专业在传授理论知识中，力求避免为理论而理论的经验式教学，注重从实践中总结出来的教学，又能反过来指导翻译实践和翻译批评的理论。正像负责文学翻译专业的院长代表尼斯教授强调指出的那样：“大学学习不能代替实践，但我们力求给学生贴近实际的理论，传授技能和背景知识。”培养学生的独立工作能力，提高他们在劳动市场上的竞争力，使他们尽快适应毕业后的职业工作，把所学理论知识应用到实践中去，是该专业办学的指导思想之一。

二、我国高校外语翻译教学的常用模式

当前我国高校外语教学中对翻译方面的教学还缺乏足够的重视，因此缺乏对非英语专业的大学生进行翻译教学的有效模式的研究。但随着新型教学模式的不断出现，传统的翻译教学模式显然已经不再适应翻译教学发展的需求。因此，在新的社会发展和新的教学模式的指引下，笔者认为翻译教学可以采用多种教学模式。

（一）以学生为中心的翻译教学模式

为了满足不断发展的社会需求及学生的实际需要，目前的高校外语教学理论上基本都以学生为中心。但由于翻译教学未得到足够的重视、传统上翻译用途显得不是很广泛以及翻译教学时间的限制等众多原因，导致了在翻译教学中多以教师为中心，教师是翻译教学的主体，学生在翻译教学中只是被动地接受教师讲解的内容，而很少能主动思考，也因此造成了学生实践不足、翻译水平不高的后果。对此，急需对传统教学形式进行改革。“以学生为中心”的教学模式要求教师转变角色，由教学主导转换为教学引导，而学生则需要由被动接受知识转为主动学习知识、积极思考问题、主动实践，最终提高自己的翻译水平。

（二）任务型翻译教学模式

李琳认为，高校外语翻译教学应该建立“任务型翻译教学模式”，该教学模式融合了翻译教学和任务型教学的有关理论知识，强调以各种不同的翻译教学任务为中心，以学生为活动中心，既有助于提高学生的中心地位，又可以增强学生的团队合作精神。一般来说，该教学模式的教学可以分为三个步骤：第一步为规划和确定翻译教学内容及活动；第二步为对翻译教学内容的开展、教学活动的执行以及后续活动的计划；第三步为结合相关的翻译理论和技巧，分析总结前面翻译活动中学生翻译的得与失。

（三）建构主义翻译教学模式

基于认知发展和心理学有关理论的建构主义能够清晰地解释人类认知发展的有关规律，也就能够解释人类学习者怎样利用已有的经验、心理等知识来构建所需的知识结构，因此，从理论上来说，结构主义的有关知识可以用来指导高校外语翻译教学。在这一理论的指导下，大学生具有比较成熟的思维体系，可以利用他们已有的知识进行有关结构的建构，形成属于自己的特有的认知及知识图式，从而为后续学习和练习中新知识与已有图式的完美结合奠定基础。这一教学模式仍然坚持学生在学习中的中心地位，其教学重点在于解释重点句型，分析翻译中的语法、词汇使用、篇章结构等

方面的错误以及具体操练等。

（四）合作学习翻译教学模式

高校外语翻译教学也可以将合作学习翻译教学模式加以利用，在使用这一方法的过程中，教师需要依据该方法的要求对学生进行分组，而学生也需要根据教师的要求认真完成自己的任务。在高校外语翻译教学中使用这一方法不仅需要师生之间及学生之间的合作，还需要学生综合利用各种方法、途径及资源来对小组成员的翻译作品进行品评，找出错误、分析错误、改正错误，合理有效地反馈，最后由被修改对象进行修改。

第二节　翻译教学中应注意的环节与实践应用

翻译无论是科学、艺术，还是技巧，都需要在实践中认识它、做好它。翻译就是以语言为工具进行信息、情感、思想、文化的交流。梁启超曾指出："翻译文体之问题，则直译意译之得失，实为焦点……新本日出，玉石混淆。于是求真之念骤炽，而尊尚直译之论起。"毫无疑问，翻译工作需要一定的理论水平，但重要的还是掌握翻译实践技能。前者是道理，后者是操作。

一、翻译教学中应注意的环节

（一）技巧知识传授与理论知识讲解相结合

大学英语的翻译教学大都以教授翻译技巧和翻译知识为主要内容。但是，如果教师能把翻译理论融会贯通在技巧和知识的传授中，则会有助于学生在翻译实践中学会独立解决问题，通过理论分析克服实践中遇到的困难，掌握翻译活动的基本规律，尽快提高自己的翻译实践能力。就非英语专业课程而言，大学英语精读课中的单句或段落翻译练习是基础阶段综合训练的一个非常重要的组成部分。大学生有一定的英语基础，又有较高的汉语修养，如果教师能在授课中增加一定的翻译理论指导，对学生稍作点拨，便会得到事半功倍的效果。

（二）翻译能力与其他能力的提高相结合

翻译教学是包括理解与表达的教学，涉及英语的理解能力和汉语的表达能力。对学生翻译能力的培养，不应只依赖单方面的翻译理论及相关知识的传授和技巧的训练，听、说、读、写、译五种语言基本技能不是孤立的，而是相辅相成的，所以在语言教学中，培养翻译能力还要从诸多方面入手：通过加强词汇和语法教学，夯实学生的语言学习基础；通过精听、泛听、精读、泛读训练增加学生的语言输入，为语言输出做好质量上的前提准备；通过加强中、西方文化的对比分析，培养学生语言学习和运用中的文化意识，提高其文化素养。

（三）阅读的“面”式教学与翻译的“点”式教学相结合

翻译教学与阅读教学有着紧密的联系。阅读和翻译对理解的要求不尽一致，对阅读的要求是理解准确率不低于 70%，而对翻译准确率的要求则是 100%，因此翻译教学是以阅读教学为基础的，翻译教学经常融于阅读教学中。在阅读教学中进行点式翻译教学，对于阅读教学的深化大有裨益。阅读教学中一部分学生不求甚解，对难句、关键句或难度较大的段落的含义不太清楚，因而要通过翻译表达的反作用，加深学生对原文的理解，进而使其完全消化吸收。翻译教学有机地融于阅读教学过程中，作为阅读教学过程的一个环节，也将传统的语法翻译教学法与现代的交际教学法有机结合起来，使之相得益彰又各取所需。

（四）英语理解的准确性与汉语表达的审美性相结合

尽管大学英语翻译的教学和测试标准主要是考查学生的准确理解力，但表达的问题也不可忽略，表达水平直接反映对原文理解的程度和翻译的质量，理解的程度只有凭借表达，才能得以体现。虽然大学英语教学对翻译教学的语言形式要求并不是很高，但翻译作为一种语言活动必然涉及审美问题。在翻译过程中，审美意认是一种积极主动的心理活动。对翻译语言做美学的评价和欣赏，必须把语言所表达的思想感情内容与语言形式统一起来，把语言表达与交际语境统一起来，才能对文本语言做出恰当的审美判断并获得美感。语言审美包括语音、文法、修辞等方面。在翻译教学实践中，学生自身可能会因忙于做抽象的词义及语法分析而忽视语言审美，教师需要在讲授翻译知识和技巧时，注意唤醒学生的审美意识，引导学生在理智分析语义的同时，联系具体语境中的语言形式、交际场合、交际目的等诸多因素，进行具体或整体的感性理解。要说明的是，大学英语翻译教学毕竟不同于其他类型的翻洋教学，审美意识的渗透和培养要适时适量，不可喧宾夺主。翻译教学作为大学英语教学的一个重要组成部分，应当予以充分重视。笔者这里简要分析了翻译教学中的一些现存问题及应注意的几个环节。另外，教师应更深入地钻研教材，更合理地设计教学方法，学生也应端正对翻译的学习态度，积极配合教师，扎实、勤勉地进行翻译练习和实践，以达到教学互动、教学相长之境界，使学生的翻译能力和水平得到实质性的提高。

二、翻译教学中的实践应用

翻译理论的重要性更体现在它对翻译实践的指导意义上。古人云：凡事须由其途，得其法，方能终其果。英汉互译自然也需要科学理论的指导，此处的理论其实就是翻译实践的必由之路和原则法度，翻译实践水平的提高，不能依靠提高劳动强度，只能依靠与自然科学和社会科学水平相适应的理论指导。翻译理论的启蒙性、实践性与指导性不容我们忽视对其基本理论的传播。另外，翻译理论也能促进翻译教学水平的提高。参透新的翻译理论，必然会扩大教师的专业视野，丰富教师的专业知识。这种新的理论经由教师的筛选，融入翻译教学，进而指导学生的翻译实践，必将更快、更有效地为国家培养翻译人才。

（一）关联理论与翻译

1. 关联理论概述

语用学家斯伯博和威尔森综合认知科学、语言哲学及人类行为学的研究成果创立了关联理论，不仅在语言学界反响强烈，对文学、心理学、哲学等领域也产生了一定影响，对翻译研究也同样具有积极的意义。他们的学生格特运用关联理论对翻译进行了专门研究，并在《翻译与关联：认知与语境》一书中进一步发展了关联理论，阐述了他对翻译研究的启示，提出了一种全新的关联翻译理论，为翻译研究开辟了新的领域。关联理论认为，若文本话语的内在关联性很强，则读者在阅读中无须付出太多推理努力，就能取得好的语境效果（语境含义或假设）；反之，若文本话语的内在关联性很弱，则读者在阅读过程中需付出较多推理努力，才能取得好的语境效果。从文本的创作或翻译看，好的文本或样本并不是要向读者提供最大的内在关联性，而是要提供最佳的内在关联性。从文本或译本的解读看，读者理解话语的标准就是在文本话语与自己的认知语境之间寻求最佳关联，而不是最大关联。这里的最佳关联就是用最小的推理努力，取得最大的语境效果。文本的内在关联性往往与文本的创作意图、社会功能、写作风格和文体色彩等有关。例如，以信息功能为主、含义单一明确的实用文体，往往提供较清楚的内在关联性，读者很容易直达其意；而意境深远、蕴含丰富的文学作品，其内在关联性较为含蓄，为读者留下丰富的想象和推理空间。但无论文本的文体、风格或功能如何，都应该设想为读者提供最佳的内在关联性，才能使读者从文本话语中获得最大语境效果。

关联理论是以认知和交际为基础的。在关联理论中，关联性被看作输入到认知过程中的话语、思想记忆、行为、声音、情景、气味等的一种特性。语境则是一个心理结构体，它存在于听话者头脑中的一系列假设，包括：①上下文，即在话语推进过程中明白表达出来的一组假设；②会话含义，即按照语用原则推导出来的一组假设；③百科知识，即涉及上述两类假设中相关概念的知识或经验。任何一个交际行为都是明示到推理的过程。听话人为了理解说话人的意图，必须根据关联理论把对方具有最佳关联性的言语刺激以及当时的交际情景当作信息输入，并从记忆中提取相关的百科知识与之匹配（即做出语境假设），在大脑中枢系统中采用演绎规则对它们进行整合加工（付出一定的努力），最终获得语境效果。因此，话语理解的过程就是通过语境进行推理的过程。

翻译的本质也是一种言语交际活动，原作作者与译者构成交际双方，译者和译语读者（接受者）又构成交际双方。原作中的每一个语句、每一段话语对译者而言都是明示刺激，这种明示刺激或明示性话语就是一组语境线索，译者在这种言语刺激作用下就会激活其认知语境，利用词汇知识、逻辑知识及百科知识寻找关联，进行推理，推导出作者的意图，进而理解原文。另外，译者要将自己的理解传达给接受者，就要调用译人语方面的认知语境，尽量将原作内容和形式忠实地表达出来，使译文符合接受者的期待。因此，关联理论框架下的翻译就是一种对源语进行语内或语际阐释的明示—推理活动，这种明示—推理活动要依靠语境实现。关联理论认为语境不是在话语生成之前预先确定的，而是听话者在话语理解过程中不断选择的结果，它会随着交际过程的发展而不断发展和变更。语境是一系列假设，是一个大范围的概念。在话语理解的过程中也使那些最为相关的语境被激活，通过推理做出判断。要使交际成功，就要寻找话语与语境之间的最佳关联，也就是要找到对方话语同语境假设的最佳关联，通过推理推断出语境暗含，最终获得语境效果。制约相关性的两大因素就是语境效果与推理努力。语境效果大，推理时所付出的努力小，关联性就强，反之亦然。

由于认知语境是因人而异的，对同一话语的推理往往也有不同的暗含结果。比如，在朋友家聊了一段时间后，起身准备离开，这时天正下着雨，朋友说："在下雨呢。"如果朋友坐着说这句话，根据已有的认知语境，即下雨时主人常留客人，结合朋友的话便可以得出结论：主人要留客人。但是，如果朋友一边递给客人一把伞，一边开门说这句话，客人就要调整认知语境，搜索有关的信息：朋友大概有事，主人为客人开门常有送客之意，下雨出门可以打伞。根据这一组信息，结合朋友的话，就可以推出结论：朋友至少不反对客人离开。因此，话语理解的过程实际上就是不断激活相关语境、寻找关联、进行推理的过程。

翻译的本质是一种交际活动，译者扮演着信息输入（对原作的理解）和输出（言语产出）的双重角色。不同的译者有着不同的认知语境，同一个译者处在不同的时间、地点也会有不同的认知语境。在翻译过程中，译者必须依赖语境，从原作的言语或语句的刺激中寻找最佳关联，再把这种关联传递给译语读者，也就是说译者把自己的理解传递给译语读者。由于译者的认知语境是动态的，加上不同语言构成的语篇或文本受不同语义、文化等诸多因素的制约，译文不可能完全对等于原文。也就是说，翻译是动态的、波动的。那么，是否翻译的这种波动性就使译文无章可循了呢？不是的。翻译的成功取决于相关因素间的趋同。趋同与趋异是两个相对的概念。“翻译的成功”指的是翻译的效度，它与趋同度成正比，与趋异度成反比。也就是说，趋同度越高，则趋异度越低，翻译的效度就高；反之，趋同度越低，则趋异度越高，翻译的效度就低。因此，要提高翻译的效度，必须尽量使译文向原文趋同，以提高翻译的信度和质量。

翻译的本质是一种交际活动，译者必须从原作的语句刺激中寻找最大关联，通过认知语境进行演绎推理，识别作者的交际意图，进而用正确的语言传递给接受者。译者只有在源语和译语之间找到它们最大的语义和语用关联时，才能使译文最大限度地趋同于原文。因而，笔者认为翻译的趋同可分为语义趋同和语用趋同。语义趋同指在语言形式和规约意义上的趋同，语用趋同则指在内容和隐含意义上的趋同。规约意义的识别受语境的干扰较小，而隐含意义的识别必须借助语境进行推理才能实现。翻译中，译者必须依赖语境，寻找关联，通过推理识别作者的交际意图，并对接受者的认知语境做出正确的假设，选择适当的译语努力使原作作者的意图与译语读者的期待相吻合。翻译的本质是交际的、语用的。因此，质量好的译文必须兼有语义趋同和语用趋同，仅有语义趋同，有时译文可能传达不出原作的意图，变成“曲译”或“死译”。当然，在无法兼顾语义趋同和语用趋同时，就应该想方设法做到译文的语用趋同，以传达出作者的意图。

2. 关联理论在翻译教学中的作用

关联理论对翻译教学有很大的启示，它首先告诉人们，要翻译，先要理解原文，根据关联理论，要准确无误地理解原文的语境，根据语境做出认知假设，找出原文与认知假设间的最佳关联，从而理解原文语境效果。寻找关联要靠译者的百科知识、原文语言提供的逻辑信息和词语信息，因此寻找关联就是认识、推理的理解过程。更为重要的是，翻译涉及作者—译者—读者三元关系，原文作者和译者的认知环境不同，作者力图实现的语境效果同译者从原文和语境中寻找关联而获得的语境也是不同的。这样一来，原文信息和译文传达的信息就不可能完全对等，翻译只能做到“达义”“对体”“求形”。所谓“达义”，就是正确地表达原文的意义，意义是交际的核心内容，意义的篡改、歪曲，谈不上是在翻译，只有准确无误地表达原文的意义才是翻译的首要任务。无论是明说还是暗含，意义的语码转换都是可行的。

“意义”包括两方面的意思，一个是“意”，一个是“义”。“意”是指意图，原文作者的意图，翻译就是译意。在翻译中，两种语言的体裁要相吻合，诗歌绝不可译成散文，戏剧绝不可译成小说。综上所述，关联理论对外语教材编写、词汇记忆、阅读理解教学、翻译等有着十分重要的借鉴作用。

（二）认知语言学意义观与翻译教学

1. 认知语言学意义观

传统的意义观主要包括指称论、使用论、行为主义论、真值条件论、概念论、成分论等。这些意义观是传统哲学、对比语言学、结构主义语言学和转换深层语法四种主要语言学范式意义观的具体体现。这四种语言学范式虽有其不足之处，但都属于客观主义语言学范畴。客观主义语言学对于意义的核心观点是语言对现实世界的直接的镜像反映，意义来自语言本身，可以通过语言的意义对现实世界得到准确的理解。由此得出描述同一场景的不同表达具有相同的意义，因为它们反映的是同一场景，如同一源语表达，“玛丽把杯子打破了”既可以翻译为“Mary broke the cup”，也可以译为“The cup is broken by Mary”，因为两种译文反映的是同一场景——“玛丽把杯子打破了”。然而，认知语言学与客观主义语言学持明显不同的观点，它认为意义不是来自语言本身而是来自对体验的理解。语言仅仅只是起到激活意义的作用，语言与意义之间是导引与被导引关系，而意义就是概念化。具体地说，意义存在于人们的大脑中，而不是语言中，语言的作用只是激活意义和其所属的概念框架。意义或概念化存在于现实世界和概念结构之间的人类认知过程的结果，而认知过程是指人类认识、了解现实世界的过程，因此意义或概念化是人类用识解方式感知、体验现实世界过程的识解结果，每一层意义不仅包括具体的概念内容，还含有相应的识解方式。语言意义应该由概念内容和识解构成，一种有挑战性的意义观尤其不能忽视后者。由此可知，能够激活相应概念框架中的某一意义的表达必定反映隐含在意义中的某一识解方式。换句话说，某一具体语言构造的使用，事实上赋予了所构造的场景某一具体的意象。因此，根据认知语言学的意义观，可断定前面的例子中的论断是不合理的，尽管“玛丽把杯子打破了”的两种英文翻译可以激活同一杯子摔破的概念内容，但是译文“The cup is broken by Mary”不能激活与源语表达一致的识解方式，因此改变了源语表达的意义。另外，为了说明认知语言学的意义观，句子尤其是被动句常常用来作为说明例子。在此，必须指出这一做法大大局限了普通读者对认知语言学语义观的理解，甚至会使其误认为认知语言学语义观只适用于句法层面。事实上，词汇和句法都可用来示例这一意义观，因为两者之间没有明显的区分。词和句子形成了一个符号元素的连续体。这就意味着词和句法都是语言构造，都可以构造该概念或场景，赋予概念或场景识解方式。名词属于词的范畴，由此可推导出指称每一个指称概念的名词实际上都体现了相应的识解方式，以下将以认知语言学意义观为指导具体探讨名词的翻译教学问题。

2. 认知语言学意义观对名词翻译教学的启示

在具体名词翻译教学过程中，教师首先需结合认知语言学意义观探索出具体的名词翻译原则，然后在此原则的指导下以引导的方式与学生探讨具体名词的翻译。如上所述，意义由概念内容和识解方式构成，译者在用某一名词激活某一意义的同时也是在选择某一意象，构建某一场景；而翻译的性质又是在目的语中再现源语的意义。据此，可以认定翻译名词的原则，即名词翻译应该以认知意义为导向，即意义的概念内容和识解方式都应该在目的语中再现。然而，词本身所具有的特点使得这一名词翻译准则的具体实施困难重重。首先，与句子相比，词虽与句子构成一个连续体，两者没有明确的界限，但是词在结构上比句子稳定，而句子较灵活，更具有兼容性以及词无法可及的优点。另外，人们所涉及的名词都已经深深扎根于汉英两种语言中，因为这些名词所指称的名词性概念主要来自人类所共有的基本领域，如衣、食、住、行等，这就意味着汉英两种语言都存在并且都有自己约定俗成的词汇表征。因此，如果按照上述翻译原则把汉语名词直接翻译到英语里，结果就会是虽然原词所激活的概念内容和识解方式在英语里得到体现，但有可能在英语里无法激活与在汉语里一样的概念，甚至会导致误解，反之亦然。因为汉英两种语言在概念化同一实体时所采用的识解方式完全不同，自然无法激活同一概念。如“床头柜”，如果根据名词翻译原则把其译为 bed-head cabinet，就很有可能在英语读者头脑里激活的概念是像衣柜那样的实体，而不是摆在床边的小桌子。因此，以上提出的名词翻译原则只是描述了一种理想状态，考虑到源语意义的成功传递和口语读者的理解两个因素，名词翻译原则应进一步修正为：在翻译名词时，译者首先应该尽量在目的语中再现源名词的概念内容和识解方式，若无法达到两者的同时再现，译者应该舍弃源名词的识解方式，而选择与目的语一致的识解方式。基于以上观点，以下将探讨概念共享情况下的名词翻译教学及概念缺失情况下的名词翻译教学。

（1）概念共享下的名词翻译教学

汉英在词汇表征同一名词性概念时存在两种情况。第一种情况是同一名词性概念在汉英两种语言中都有词汇表征，且汉英词汇表征体现相同的识解方式。这种情况的名词翻译策略为：如果源名词所表征的概念为汉英两种语言所共有，且在目的语中由体现相同识解方式的词来表征，那么源名词所激活的概念内容和识解方式都应在译文中体现出来，如概念 book shelf 在汉语里词汇表征为“书架”，该词体现了功能视角识解方式，即该词所表征的实体是用来放书的。而在英语里，该概念词汇表征为“book shelf”，其所激活的识解方式与“书架”一样。因此，英译“书架”时，其所激活的概念内容和识解方式都应在英语中得到再现，翻译为“book shelf”。由于这种名词翻译方法沿用了源名词的识解方式，因此笔者把其命名为传承法。第二种情况则是名词所表征的概念为汉英两种语言所共有，但在两种语言中分别由其约定俗成的词汇表征，即源名词所表征的概念为两种语言所共有，但目的语中表征此概念的名词体现不同的识解方式。由于两种语言采用了不同的识解方式，如果硬要在目的语中再现源名词的概念内容和识解方式，其结果只会是在目的语读者头脑中无法激活同一概念内容。因此，为了激活同一概念内容，只有舍弃源名词的识解方式以适应目的语中已经存在的识解方式，如一种发型在英语中表征为“afro”，其体现了转喻的识解方式，即整个范畴被用来指代这一范畴所特有的特征。而在汉语中此概念表征为“爆炸头”，其体现的是隐喻识解方式，即头发的形状与爆炸时的情景相似。当汉译 afro 时，如果其所包含的识解方式保留在汉译译文中而把其译为“非洲”，那么很有可能无法在汉语读者头脑中激活“发型”这一概念。因此，汉译 afro 时，应该在汉语目的语中选择体现相同识解方式的词，如“爆炸头”“蜂窝头”以及其他体现类似的隐喻识解方式的词。鉴于此种翻译方法涉及参照目的语中的识解方式，把其命名为参照法。

（2）概念缺失下的名词翻译教学

以上主要在阐释翻译性质和认知语言学意义观的基础上提供了名词翻译原则，并在此原则的基础上提出概念共享下的名词翻译策略，即传承法和参照法。笔者主要运用这两种翻译策略来探讨概念缺失情况下的名词翻译，以此为以后相关名词翻译提供翻译依据，并为评价已有的名词翻译提供评估标准。概念缺失是指源名词所表征的概念是源语所独有的，在目的语中不存在这一概念。对这种情况下的名词翻译方法则为传承法和参照法的结合，即参照与原概念所在的原框架相似的目的框架中相关概念的识解方式，然后决定是否传承源名词所激活的识解方式。例如，“毛笔”所表征的概念是汉语所独有的，英语则无此概念，但是英语有这些概念如 quill pen（羽毛笔）、steel pen（钢笔）和 lead pen（铅笔），其与源名词所表征的概念处在同一框架下，即 pen（笔）框架。那么翻译“毛笔”时，就需参照原概念的识解方式。如果原概念的识解方式与相关目的语概念的识解方式一致，那么原概念的识解方式就在目的语中得到传承。例如，概念 quill pen（羽毛笔）、steel pen（钢笔）和 lead pen（铅笔）分别表征为 quill pen、steel pen 和 lead pen。这些名词表征表明英语是从质地材料视角来概念化相关实体的，而汉语表达“毛笔”也反映了相同的质地材料视角识解方式。因此，“毛笔”可翻译为“hair pen”。这样，不仅原概念中的识解方式在目的语中得到再现，而且也便于目的语读者的理解，因为目的语读者可以通过人类普遍存在的识解方式即类比思维方式来理解 hair pen。通过类比，目的语读者可推导出 hair pen 与 quill pen、steel pen、lead pen 一样，也是一种笔，与其不同的是前者的笔尖是用毛做的，后者的笔尖则分别是用羽毛、钢、铅做的。鉴于此，可试做评价，即前人把“毛笔”英译为“brush pen”这一做法是值得商榷的。此外，如果原概念的识解方式与目的语相同概念的识解方式不一致，那么其应该适应目的语中的识解方式。

还存在另一种情况，即目的语中不存在与源语所特有的处在相同或相似框架下的概念，也就是不存在参照的可能性。例如，英语中就没有概念与汉语概念“阴”和“阳”处在同一框架下。对于这种情况，只能在目的语中完完全全地再现源语的识解方式，从而英译为“yin”和“yang”。综上所述，翻译是指在目的语中再现源语的意义。根据认知语言学的意义观，意义就是概念化，由概念内容和识解方式构成。在此基础上，人们提出了名词翻译原则：在翻译名词时，译者首先应该足量地在目的语中再现源名词的概念内容和识解方式，如无法达到两者的同时再现，译者应该舍弃源名词的识解方式，而选择与目的语一致的识解方式。在该翻译原则的指导下，人们提出了名词翻译的三种策略，即传承法、参照法以及传承与参照结合法。传承性翻译策略是指源语名词所表征的概念为两种语言所共有且此概念在目的语中也有体现相同识解方式的词汇，翻译时源语名词所表达的概念与体现的识解方式在目的语中同时获得再现。参照性翻译策略指源语名词所表征的概念为两种语言所有，但源语名词表达的概念在目的语中是以不同识解方式得以表征的，翻译时则采用符合目的语识解方式的词语。传承与参照结合法则指参照与原概念所在的框架相似的目的框架中相关概念的识解方式，然后决定是否传承源名词所激活的识解方式。

3. 翻译教学中认知语言学的意义观与译者主体性

传统意义观根植于客观主义，认为意义是客观存在的，每个句子都有一个客观意义，这个意义并不关乎任何一个人，而是独立存在的。而现代意义观的哲学基础是经验现实主义，认为没有独立于人的认知以外的所谓意义，语言符号不是对应于客观外部世界，人的认知参与了语言的意义和推理。因此，人们说意义不能独立于人的认知以外而存在，而这也同样适用于隐喻的意义。王寅在分析隐喻的工作机制时认为，同一种语言和文化中的交际双方共享的语境知识、文化因素、常规模式等因素是隐喻得以实现其交际价值的基础。在这个基础上隐喻意义才得以形成和识别，即双方达成对某隐喻意义的共识，这样隐喻才会获得其存在的可能，才会具有生命力。但是他同时指出人的认知能力是有差别的，这会导致对隐喻理解的偏差。从跨文化交际的翻译角度来说，这种偏差是客观存在的。不同文化背景的目的语读者能否通过翻译来感知到源语中作者要表达的隐喻意义，无疑是检验翻译质量的一个重要标准。

翻译是一种语际交流，是一种跨文化交际，也是意义通过译者从作者向目的语读者传递的过程。传统翻译观认为译者居于从属地位，是原作者和读者之间的隐形人，解构主义颠覆了这一想法，认为译文不再是原文的附庸，从此译者在作者和读者间逐渐开始显露其存在和作用。20 世纪 70 年代翻译界出现的文化转向也在一定程度上凸显了译者的主体性。译者从被动、从属的地位中解放出来，享有翻译主体的充分自由，使平等对话与创译成为可能，译者也因此能突显个人的意志，张扬个性，发挥译者的主观能动性。但是谈译者的主体性并不意味着译者可以肆意妄为。译者的主观能动性必须是建立在客观文本的基础之上的，也必须以译者本身的认知结构为依托，并体现作者的认知结构和对目的语读者认知能力的预测。无论译者在翻译过程中体现怎样的个人意志，采取怎样的翻译策略，译者主体性所起到的作用最终还是传达意义，即为跨文化交际这一目的服务的。也就是说，译者既要面对原作者，又要面对读者，考虑到读者在自身文化中的接受能力。宗教词汇隐喻的翻译对译者提出了较高的要求，译者须以传达意义为目的，力求在源语和目的语以及两种文化之间取得完美的平衡。

（三）言语行为理论与翻译教学

言语行为早在 20 世纪 50 年代就是语言哲学家的研究对象，所谓言语行为指人们为实现交际目的而在具体的语境中使用语言的行为。言语行为并非“言语的行为”，而是一种交际活动，涉及说话者说话时的意图和他在听话者身上所达到的效果，即言语就是行为。言语行为理论设想了言语行为的三分说：言内行为、言外行为以及言后行为。言内行为指的是“说话”这一行为本身，即发出语音，说出单词、短语和句子等。这一行为本身不能构成语言交际。言外行为是通过“说话”这一动作所实施的一种行为，如传递信息、发出命令、问候致意等。言后行为指说话带来的后果，即说话人说出话语后在听话人身上产生了哪些效果。例如，“我饿了”这一言语行为，其言内行为就是说出这三个字；言外行为是实施说话人的一种“请求”行为，请求听话人能提供一些食物；对方提供食物与否就是言后行为。在这三种言语行为中，语言研究最感兴趣的是言外行为，因为它是同说话人的意图一致的。说话人如何使用语言表达自己的意图，听话人如何正确理解说话人的意图是研究语言交际的中心问题。

1. 理解原文的内涵，翻译是一种跨语言、跨文化的交际行为

根据认知语用学的观点，要确定话语意义，就必须充分考虑说话人的意图或语言用意、交际场合以及听话人的背景知识、信念、态度等语境因素，而语境因素往往又不止一个，它可以是语言语境（上下文），也可以是具体语境（交际场合），还可以是认知语境（记忆和知识结构），说话人正是通过这一系列语境信息来传达他意欲表达的话语意义。从言语行为角度论述翻译，就是要求译者正确领会原作者的主观意图。教师要使学习者认识到，翻译绝不仅仅是一种从原作到本族语的转换。根据言语行为理论，译者在翻译过程中，不仅要理解原文的字面意义，更重要的是要弄清原作者的真正意图，同时根据不同的交际情景、文化传统、社会条件、思维方式、语言结构和表达方式等有的放矢，才能译出精品佳作来。

2. 翻译时注意言外之意，翻译最主要、最根本的任务是再现原文的意义

美国翻译理论家奈达说："翻译就是翻译意义。"可见，意义及语用意义是翻译的出发点和归宿点。他设计了两种语言的语用原则，推导出原文所示的言外之意并使译文读者理解这一言外之意，使两种不同的语用意义的差异得到沟通、融合。教师在教授学生时，要让学生了解不同文化内涵及其言外之意。英语和汉语之间有着由人类共性所决定的语言共性，这是英汉语之间得以互译的前提。但英汉语言分属于两种截然不同的语系，两种语言在语音、词汇、语法、语义等各方而差异很大。尤其是两种语言根据其语法关系的习惯用法表现在句子结构和表达方式上存在很大的差异，正是这种差异给两种语言的顺畅互译带来了障碍。

例：American education owes a great debt to Thomas Jefferson.

学生原译为：美国教育大大归功于托马斯·杰斐逊。

指导后译为：托马斯·杰斐逊为美国教育事业做出了巨大的贡献。

学生缺乏对英汉思维差异的理解，过分拘泥于原句的框架结构，导致汉语译文并不十分通畅。在教学中，教师应适时地指导学生对两种语言的异同进行对比，增强他们对英汉语言差异的理性认识，力求引导他们在语言学习中自觉探寻并逐步掌握两种语言相互转换的基本规律，掌握英汉互译的基本原理知识和常用技巧，以便有效地指导自己的翻译实践，提高自己的翻译能力。

第三节　英语翻译教学中的文化差异研究

建立在不同文化基础上的两种语言，它们各自反映着自己特殊的民族文化和历史传统。中西方文化差异及思维模式的差异必然会给英语翻译造成一定的影响，要想真正掌握外语翻译的方法与技巧，不能仅仅限于对词面意思的理解，更重要的是要了解外国的社会、文化、历史背景乃至风俗习惯等方面的知识，了解文化方面的差异。从文化差异出发去研究语言差异，才能有效地把握语言之间的内在联系。英语和汉语分别属于两大不同的语系。英语国家的文化背景与我国文化背景有很多不同之处。英语反映英语国家（主要是英国和美国）的文化现实，汉语反映中国的文化现实。在词汇方面，英汉两种语言中，一种语言里有些词在另一种语言里没有对应词。例如，英语中的 cowboy、hot dog 等词，在汉语中不存在其对应词，一些反映汉语文化独特风格、事物的词，在英语中也难以找到对应词，如天干、地支、楷书、赤脚医生等。在语法方面，由于受各自文化的影响，英汉两个民族往往从相反的角度来表达同一思想内容，形成矛盾的思维方式，如肯定与否定、单数与复数、里与外等。在谚语成语方面，有些哲理思维相似，表达方式也相似，但有些却截然相反，或所用具体载体与我们有所差异。因此，英语、汉语在各自的语言系统中鲜明地反映自身文化的特点。

一、词汇歧义造成翻译偏差

词汇是语言的基本构素，是语言大系统赖以存在的支柱，因此文化差异在词汇层上体现得最为突出，涉及的面亦最为广泛。由于英、汉两种语言分属不同的文化，其各自深厚的文化内涵在语言上的烙印使得两种语言很少有绝对对应的词汇。大部分词汇不是在概念意义上而是在文化意义上表现出巨大的差异，而这种差异往往会给英语翻译带来极大的影响。英文里出现的 hippies、yippies、hot dog、overkill 对我们来讲是生疏的，即使译作“嬉皮士、雅皮士、热狗、超过所需的杀伤威力”，仍不能表达原英语词义的全部内涵和外延。

社会文化的差异往往使同一个词具有不同的内涵，如 propaganda 含有“撒谎、欺骗”等文化意义，而汉语的“宣传”则无此义。olive branch 象征和平，而汉语“橄榄枝”原本与和平无关。再如我们将 porridge 释为“粥、稀饭”，其实二者之间也存在着文化上的差异。英国人吃的 porridge 是将燕麦片放入牛奶或水中煮成的，而我们吃的粥或稀饭则多是用稻米、小米或其他谷物加水煮成的，显然中国的稀饭没有 porridge 的内涵。另外，许多词如 landlord(地主)、capitalist(资本家) 等在西方国家中往往有积极的含义，但对中国人来讲，却带有强烈的贬义。

从跨文化的角度看，词义的差异反映了不同民族文化价值的差异。在西方法律文化中，所追求的个体权利意识源自个人本位的法律观。这种商业社会导致的人化精神，一方面作为一种主体需求而具有生命力地存在着，体现着自由、公平、竞争、奋进的思想内涵，并极大地影响和震撼着东方传统法律文化意识的地位。这种文化，其中一个重要的方面就是强调个人。“individualism”是英美人所普遍接受的价值观，它所表达的是崇尚个人奋斗的价值观念。然而汉语中的“个人主义”是中国古代哲学基本原则“天人”“内圣外王”“实践理性”“中庸之道”所排斥的词语，其中文的词典意义往往类似于“一切从个人利益出发，把个体利益放在集体利益之上，仅顾自己，不顾别人”的观念和做法，表现在中国传统文化方面，这种“喻于利”的小人，当然要受责、挨罚。因此，由于中西文化的差异，就“个人主义”而论，认识的角度大相径庭。如果不注意这些文化上的差异，尽管都是一个词，从其自身而译，必然谬以千里。

二、知识内涵差异带来消极影响

知识的占有是翻译的前提。缺乏不同民族的文化背景知识是翻译的最大障碍。英、汉两种语言都有悠久的历史，它们在各自民族的发展中，又都积累和创造了很多具有各自民族风格和地方特色的形象生动的语言，这些语言史具有鲜明的文化知识内涵特色，它们只表达某种语言所独有的事物和现象，无论形式和内容，在另一种语言中都不容易找到相对应的比较现象。这就需要在英译汉中理解原文所涉及的历史背景、典故和专用术语，才能消除或降低文化差异给翻译带来的消极影响。

例：Do yon know that the bee navigates by polarized light and the fly controls its flight by its back wings?

译：你知道蜜蜂是借助偏振光导航，而苍蝇是由后翅控制飞行的吗?

此句的障碍在于“polarized light”一词，人们往往因对有关的科技专业知识无知而将其误译为“极光”。然而，对蜜蜂而言，“polarized light”却是指从不同的方向所显示出不同特色的“偏（振）光”。

三、不同思维模式制约语言的翻译

不同的历史积淀和深层构筑使得任何人都必定带有本国、本民族、本地域的心理遗传基因，这种遗传基因决定着他的精神气质、思维方式乃至行为走向等，并因此构成不同国别、民族、地域人的特点和差异。这种差异对翻译的准确性会产生很大的影响。比如，英语里有许多固定搭配、习语、惯用语与汉语完全不同，能否用不同的文化知识正确理解、灵活运用这些词语是英语翻译的难点之一，也是英语翻译必须逾越的障碍。

例：The businessman offered him 500 pounds under the rose.

译：那个商人答应私下送他 500 英镑。

按照西方人的习惯和心理特征进行分析，玫瑰花是定情之物，在其当下当然就是私下约会。因此，“under the rose”其含义是私下、暗地里、秘密地。

主观认识及世界观的不同，经常会影响到不同文化之间的词义传递，其译文往往会使人费解或一知半解。英语成语 as timid as a hare（胆小如兔），而汉语则说“胆小如鼠”；英语中 goose（鹅）可用来指代“傻瓜、笨蛋”，带有贬义，而“鹅”在汉族人的观念中常常是美丽与纯洁的象征。在汉语的文学作品中，处处可见用花做比喻的例子，然而同是一种花，因不同民族有不同的文化背景和主观认识，其比喻、象征意义也各有千秋。例如，中国人认为荷花有“出淤泥而不染”的高尚情操，但欧美国家的人却因主观认识上的差异把它比喻为“疏远了的爱”。

英汉民族分属于东西方民族，有不同的历史渊源和文化背景。他们的语言结构和思维方式都各有自身的特点，并形成了各自不同的心理模式和心理趋向。同是一种事物，由于民族间不同的心理感受，在语言中就会出现不同的意识感知，而且这种意识感知的不相融协，又必然导致两种截然不同的语言效果。中西方对“狗”这种动物就存在着两种不同看法。在我国传统习惯中，“狗”往往比喻坏人坏事，所以与“狗”有关的成语都含贬义，如狐群狗党、狗仗人势、狗嘴吐不出象牙等。英国人则相反，他们往往把狗看成是含褒义的，如 lucky dog（幸运儿）; Every dog has its day 译为“人皆有得意之日”，而非“狗总会有它的一天”，把“dog doesn't eat dog”看作“狗不咬狗”是不对的，其实是“同室不操戈，手足不相残”。

由此可见，对于动物的认识，反映在不同民族语言上就出现了明显的偏爱和厌恶两种社会效果。

以上种种充分说明，民族间的相互接触为一种语言吸收、同化另一种语言的词语提供了条件，但同化仍受到民族心理的制约。总之，英汉两种语言虽有相同和相近的表达方式，但更多的是表达方式的个性特征。正是这些不同的表达方式和中西文化差异才使人们产生出许多翻译的误解和困惑。要排除表面意思的迷惑，避免错误的理解，克服中西文化差异给英语翻译造成的障碍，我们在平时的英语学习中就应当从文化入手，经常阅读一些有关英语国家的风土人情、历史、地理、政治与文化、文学艺术、宗教等方面的书刊资料，只有不断掌握西方国家的社会文化变迁史，才能在英语翻译中大量减少这种文化差异的影响。或者说，拥有的英语文化知识和各个领域的知识越丰富，对英语民族心理状态越了解，对原文的理解才会越深刻，其译文表达才能忠实于原作。

第七章　跨文化背景下英语专业翻译教学的创新

第一节　英语翻译教学方式的改进与转变

在未来的时期里，社会将是以信息科学为先导的信息社会。挖掘和开发信息技术应用于现代教育教学将是时代发展的必然要求。著名科学家钱学森对未来教育做了如此描述:未来教育=人脑+电脑+网络。而信息技术辅助教学的应用因为把文字、声音、图像、视频等有机地结合起来，使信息得到更完美地表达，给课堂教学带来了无限的生机与活力。它使当今的教学手段、教学方法、教学观念、教学形式、教学结构，以及教育思想与教学理论都发生了变革，同时也引起了学习方式的重大变革。那么，作为英语教育工作者，探究信息技术的优越性以及学生在信息技术教育条件下，英语学习方式究竟发生了什么样的变化就显得尤为重要。

一、信息技术应用于英语教学的优势

（一）渲染课堂气氛，激发学生的语言学习兴趣

苏霍姆林斯基（著名教育家）曾说过:“所有智力方面的工作都要依赖于兴趣。”儿童的学习兴趣对鼓舞和巩固他们的学习动机,激发他们的学习积极性起决定性作用,一旦激发了儿童的学习兴趣，就能唤起他们的探索精神、求知欲望。儿童活泼好动，好奇心强，易于接受新事物。幽雅动听的音乐、鲜艳夺目的色彩、五彩斑斓的图画都能吸引他们的注意力，激发他们的言语表达兴趣。计算机多媒体正好可以提供这种生动、形象、直观、感染力与渗透力极强的教育信息。例如，课前三分钟播放英语动画片，用有趣的画面及纯正的英语吸引学生，使之成为每个学生的“开心一刻”。由于学生喜欢看动画片，爱模仿其中的人物语言，极易在课间自然模仿画面中的人物语气进行对话交流，从而在娱乐的过程中锻炼了语言能力。

（二）模仿真实的语言环境，展现口语交际的平台

在现代英语教学中，最为明显的特点之一就是高度的实践性，这是由语言是交流工具之一的社会功能所决定的。英语对中国学生来说，有一定的难度，其主要原因是缺乏良好的语言环境、缺乏英语原材料等，尤其是农村学生。为了提高学生的交际能力，就要给学生提供能进行言语实践活动的自然情景和教学情景。传统教学无法营造一种真实的语言环境，但多媒体可以提供声音、画面、人物、情景、光、电，使学生置身于语言环境之中，产生一种需要运用英语的激情，学生从一开始被动地接受信息转变为积极地参与语言交流，从而改变以教师为中心的传统教学模式，为学生的口语交际提供展示平台。

例如，教“do shopping”时，先认识许多水果，然后多媒体显示水果商店，进行购物的教学模拟。在此基础上，显示多个专营商店，出售特色商品，学生根据自己的意愿选择商店，教师用鼠标点击，多媒体显示该商店情景，营造商业氛围，学生、教师充当买卖双方，进行口语交际。这种师生互动，生生互动充分体现了学生的主体性，效果极佳 。学生能从多媒体网络中寻找到生活中的情景对话，真正做到运用媒体寻找信息，利用信息资源自发研究。

（三）运用网络知识，能够发挥学生的个性特长

在教学过程中，我们常常发现：有些学生记忆较差，但爱好音乐，英语歌曲颇为拿手；有些学生单词不熟练，但英语书法较为擅长；有些学生不愿回答问题，但对朗读课文极为爱好。根据学生这些情况，可组织丰富的第二课堂活动，如“英文歌曲排行榜”“英语朗诵比赛”“书法展览”“办英语墙报”等，给他们提供展现才能的机会，发展学生的智力，学生在不同形式的英语训练中的成功表现，可以使他们重新认识自己，消除自卑心理，增强他们学好英语的信心。计算机辅助教学给英语课堂教学改革注入新鲜的血液，把传统的注重认知、灌输、封闭的英语课堂教学模式转变为在课堂上培养学生听、说、读、写四种能力并举的教学模式。在现代英语课堂上大容量、高密度、快频率的课堂教学使得学生在听、说、读、写四方面的综合训练得到加强，学生英语交际能力得到培养，学生主体性得到更大发挥。学生在积极参与、口脑并用的过程中更能主动求发展，体现个人魅力，也使德育和文化背景知识得到更深层次的渗透。

在英语课堂教学中，多媒体辅助教学为我们的英语课堂教学改革提供了基础，注入了活力。使用计算机多媒体教学系统能把英语学习的情景设计得生动活泼，富有创意，能将学生置身于一定的语言环境中去领悟语言，操练语言，运用语言。多媒体教

学图、文、声、像并茂，形式活泼，学生在英语学习的过程中，各种感官受到刺激，更有利于他们语言能力的提高。同时多媒体教学可以充分发挥教师的主导作用，发挥学生的主体性和创造性，从而引导学生进行量多而质优的听、说、读、写综合训练，使学生在有限的课堂上获得英语基础知识的同时，语言基本技能也得到训练，提高学生直接使用英语思维去思考和表达的能力，为实现学生用英语进行交际打下坚实牢固的基础。

基础教育改革提出：要转变学生的学习方式，建立以“主动参与，乐于探索、交流与合作”为特征的学习方式。计算机网络、数字化多媒体语音室等一些现代教育技术和媒体在英语教学中的广泛应用，无疑弥补了传统语言教学中的许多不足，丰富了英语课堂教学的模式和结构，同时也为改变学生的英语学习方式，实现趣味学习、自主学习、协作学习和探究学习提供了可能。

（四）提供鲜明生动的语言环境，使学生身临其境般地全方位体验英语文化，实现趣味学习

我们在平时学习英语单词时，往往是英汉语对照学习，时间长了，学生便形成一种思维定势，那就是无论单词还是句子先用汉语思维，再把它译成英语，这样既浪费时间，又不利于学习地道的英语，容易出现像“I by bike go to school”之类的中国式英语。利用多媒体课件可让学生的思维在声像的冲击下直接使用英语思维，并且提高学生的学习兴趣，学生可在多种感官的协同配合下进行大容量的学习。如在教“小孩”这个词的英文时，在图片上打出文字“a child”“a kid”及其复数形式“children”“kids”，并根据动画图片提问：What is the child doing? What are the kids doing? What do the children like doing? What do the kids like doing? 通过运用大量图片进行练习，学生对这些单词了解得更透彻，更敢于开口。利用多媒体课件也有利于课文的整体教学和主题的深化。如在学了 The story of Xi Wang 一文后，可让学生从一幅幅生活图片中总结“What can we do to protect pandas”及“How to protect the environment”，引导学生从正反两方面讨论哪些行为破坏环境，哪些行为保护环境。教师根据学生所讨论到的行为的次序，点击弹出文字及声音，帮助他们进行语言的学习，最后进行正反两方面行为的总结。由于图片较全面，学生对环保也熟悉，贴近生活的多彩图片充分调动了他们的兴趣。他们积极思考，全面总结，总结出的行为大大超出了课本的提示之后，再借助社会学科常用的方法，通过几幅漫画，让学生回答：目前环保中最严重的问题是什么？学生通过讨论得出答案：人们缺乏对其重要事件的认识。以此来引导学生深化主题，最后大家达成共识：“If everyone can protect the environment, the word will become much more beautiful.”这正是除语言目标之外的德育目标。除此之外，也可表扬几个能随时捡起地上垃圾的环保意识好的学生，这对做得不够好的学生是一种鞭策。

在学习英语的过程中，学生会遇到许多由于缺乏背景知识或由于中西方文化的不同而产生的文化“休克”现象。了解文化差异，增强世界意识，无论对培养学生的健全人格，还是提高学生的语言实践能力都是有好处的。但异国文化全部靠老师来讲解显然是不够的。在教会学生如何上网后，鼓励学生自己去获取需要的知识。例如，他们通过网络可以了解到有关圣诞节、复活节、愚人节、感恩节等资料，这不仅可以帮助他们理解课文，而且在某些方面还弥补了老师的短板。因此，对学生上网仅仅进行封堵是不妥的，关键是怎样引导他们把网络作为有利工具去运用，从而形成良好的学习习惯和有效的学习方法和策略。

（五）提供丰富的课程资源，使学生在广阔的空间中学会自主学习

在教授 How to search the internet 后，学生基本上能上网查寻信息，但不熟练。这时就可布置学生预习 Around the world in a day，让学生先上网了解想知道的信息，然后在课堂上互相交流。学生既要了解地理、风景和人口等知识，又要准备用英语交流，所以花了很多精力。在课堂上用 PowerPoint 展示一幅幅图片时，学生可就他们感兴趣的问题互相提问、互相解答。在教学中跟着学生的思路，学生说到哪种景点，就同步用计算机显示书上的相关文字来进行学习。这样教学就体现了一种灵活性，而不是死板地按照书上的描写来学习，课堂气氛也就显得非常活跃，体现了以学生为主体的学习方式，以问题为中心，以自主学习为基础，以网络多媒体为手段，从而突破了传统课堂的时空局限。

在教学设计中，应该鼓励学生大胆地使用英语，并为学生提供自主学习和互相交流的机会以及充分表现、自我发展的空间；鼓励学生通过体验、实践、讨论、合作、探究等方式，发展听、说、读、写的综合语言技能；创造条件让学生能够探究他们自己感兴趣的问题并自主解决问题。

学生充分利用信息技术带来的广泛的课程资源可以弥补教材和课堂学习的不足。学生还可以根据自己的兴趣或薄弱点，选择性地进行学习，如可以有的放矢地利用教学软件进行查漏补缺（通过对某一段反复播放），或大胆利用网络环境锻炼口语。如对 www.cnradio.com 中的阳光英语节目，学生可以根据自己在英语听、说、读、写方面能力的不同，各取所需。这在提高学生听、说能力和交际能力方面有着传统教学无法比拟的优越性。再如学生可以自学英语，参与“英语学习论坛”，还可欣赏“英语歌曲”与“英语电影”，相对于传统的学习方式而言，信息技术与英语教学整合可以增强学生

的自主学习意识，最大限度地发挥他们学习的积极性，并且没有时间和空间的绝对限制。

（六）培养学生之间的合作精神，使学生在协作氛围中学习英语

英语学科涉及内容较为广泛，如古今的社会、经济、科学、历史、文化等多方面的内容，而一个人的知识与能力是有限的。因此，在英语学习中开展协作学习是非常必要的，而多媒体计算机网络为实现协作学习提供了环境基础，学生可以突破时空限制，围绕共同的学习任务，合作进行信息的采集、加工、处理，展开师生间、生生间、个人与小组间、小组间的网上讨论或交流性的协作式学习。

在教学关于“气温”的内容时，不同的地方气温相差很多，学生很有兴趣，但对此类信息缺乏系统的了解，因此让班上的学生自由组成几个合作学习小组，上网找寻天气方面的资料，并利用网络资源，进行资料收集和组合分类。学生在协作学习中既分工又合作、既独立思考又相互交流，有利于实现高级认知技能、人际交流技能以及情感交流等有关的教学目标。

（七）培养学生的创新精神，使学生在探究问题中学习英语

创新能力和信息实践能力是信息社会新型人才必备的基本素质。在原有的教育教学条件下，许多学生的学习偏重于机械记忆和简单应用，往往立足于被动地接受教师的知识传输。这种学习方式不利于学生创新精神和实践能力的培养。英语教材中有些内容涉及自然现象，许多学生感到抽象，一时难以理解。只靠教师口头讲解效果不佳。用多媒体制作意图辅助理解不仅可以加深学生对课本知识的理解，也培养了学生主动求知和独立思考的习惯。多媒体技术特别适合学生进行“自主发现，自主探索”式学习，这恰好为学生创新思维的发展和实践能力的培养营造了理想的环境。总之，信息技术运用于英语教学，使课程结构复合化、多样化、信息化，这就是新课程标准的课程结构创新的特点，信息技术的运用，优化了教学过程，增强了学生的工作意识，使学生走进社会、体验社会、关注社会、服务社会，不再做一个脱离社会的书呆子，并为学生的终身发展打下了基础。

二、英语教学方法的特点

英语教学历来都是教育学科的热点，因为普及面广，学习英语的人数多，对英语教师的要求也越来越高。注重对学生亲自操作和实际运用能力的培养也是英语教师面临的一个难题。教学方法的先进与否对英语教学能力的提高起着举足轻重的作用。英语课程是一门基础课程，主要培养大学生的英语理论知识和实际操作能力，实际操作能力也是一种应用能力，是学生在实践中必须掌握的一种技能，而这种技能在工作中

起着不可替代的作用。在英语教学中，要想让学生掌握实用的技能，教学方法显得尤为重要。

（一）与时俱进

英语这门学科的内容是不断更新的。英语学习的内容基本以英美文章为主，而这些文章主要是来自报刊的文章，因此时效性特别强，都是最新的文章，因此可以指导学生从学习报刊里的简单词汇开始，逐步深入学习比较难的词汇。正因为英语学习的内容每天都在变，因此要求相应的课堂所传授的是最新的、最及时的内容。与时俱进是新时期英语教学方法最显著的特点。但目前我国英语出版的书籍还没有完全做到与时俱进，这就需要英语教师认真细致地研究教材，多查阅国内外书籍、报刊，收集国内外最新科研成果，开阔教师本人的视野，并有取舍地用于课堂教学，拓展学生的思维空间，并在课堂上传授给学生尽可能多的最新的英语知识，包括英语词汇知识、英语背景知识、英语文化知识。教学方法的这种特性，对英语教师也提出了更高的要求，教师不仅要抓住时代脉搏，还要掌握最新的消息。

（二）发展性

中国要想走出国门，必须适应国际化的需要，让全世界更多的人了解中国，其中对语言的掌握是必不可少的。语言是一切文化和文明予以了解的桥梁，要让全世界去更好、更深入的了解中国，只有将中国的古老文明与现代文明用多种语言进行不断宣传，这个任务就交给我们这一代人。目前，英语是世界上使用最广泛的语言。对于中国的英语教学，应该从小抓起，因为随着目前全球化的变革，英语已经不再停留在考试以及找工作的砝码方面，它已经成为一种技能，而这种技能应该从小抓起。因为学习任何一门语言，都是越早越好，对于中国可能没有有利的英语语言环境，所以从小培养孩子的英语技能，就变得尤为重要。孩子正处在生长期，对于知识的掌握速度要比成人快，记忆久，对于他们以后对英语的深入学习也是非常重要的。引导孩子学习英语，不能仅停留在做题，读懂课文的阶段，而是应从听、说、读、写几方面全面发展，才能真正培养他们的英语技能。

（三）实用性

英语具有很强的实用性，尽管大多数人学习英语并不是为了应用，但也不能抹杀英语的这种特性。英语是应用性最强的一门学科。在进行英语教学时，要改变过去那种单纯为教语言而教语言的做法，而是要把知识的传授和语言技能的训练有机结合起来，最终使学生既学习了语言技能又提高了外语水平。以学游泳为例，我们学游泳是阅读有关游泳的书籍，还是在游泳池里实践和领会？答案是众人皆知的。同样，在语言教学中，学生也应像学游泳那样，充分接触真实的语言材料，参与真实的语言交流活动。英语教学要讲授实用性的知识，如书信、招聘文件、传真等英语应用文。英语的实用性特点决定在英语教学中要在众多材料中寻找切实可行的适合教学用的东西，然后由教师组织起来，引导学生学习。对于学生来说，学习英语无非有两个目的，即考试过关和工作上应用，而英语教学应侧重后者。当然目前我们的教材还没有一本是完全应用型英语的，一般都是按照单元分，每个单元都有一篇主打文章和几篇阅读文章；选材范围基本都是议论文或说明文，个别的是记叙文，关注点还是语法和词汇。这样的教材还是传统教材，今后的大学英语教材应与学生的实用性挂钩。比如选择英美报刊文章，多选一些简单的书信、便条、电子邮件等应用文，让学生多做、多写、多听，增强他们的实战能力，这样更能提高他们的英语实效水平。

三、几种具体教学方法

（一）启发式教学

启发式教学是比较常用的教学方法，不仅在英语教学中，其他学科的教学也采用这种方法。启发式教学方法也叫开放性教学方法，其主要内容是通过开发思维方式、丰富想象，培养学生进行创造性思维。英语教学中要尝试挖掘学生的思维，在互动中让师生都处于积极思维的状态中，主要用教师的思维带动学生的思考。在授课过程中，教师可以采取试探或提问等方式和学生互动，引起学生的兴趣，加强学生的思考能力。如讲授英语语法时，可以采取运用逻辑思维的方法，针对不同的语法点进行比较并发现其中的内在逻辑关系。定语从句和同位语从句的教学就可以采取这种方法，主要分析定位词与修饰成分之间的内在逻辑关系，然后结合例句得出结论。又如在讲跨文化交际这门课时，要让学生学会用外国人的思维方式来思考问题，并和中国的行为方式、习惯做比较。学生可以和外国人接触，学习英语口语，学校可以聘请外教，学生通过和外国人交流，可以学到正宗的英语，起到事半功倍的效果。

课堂讲授采用启发式教学，一步步引导学生掌握英语学习的要点和内容，要预先设置问题让学生去预习和查找资料，并在课堂上引导学生去解决这些问题。讲课时应注意学生的反应，以便调整讲课的速度和方法，同时要为学生着想，从学生的角度去考虑，根据学生实际情况安排教学。

（二）多媒体教学

多媒体教学就是运用现代化的教学工具来实施教学活动，常见的有幻灯片、投影仪、录音笔、计算机等现代化的电子设备。在多媒体教学中，学生与计算机之间进行双向交流活动。按双方在交互活动中的控制权不同，有计算机控制为主、学生控制为主、混合控制等方式。多媒体课件及多媒体设备教学的交互性使学生与计算机之间、学生与教师之间、学生与学生之间进行广泛的教学交流和及时的反馈，这样就形成了开放、积极的交互教学环境。

例如，教师可以把英美国家的有关背景制成幻灯片、视频放给学生看，最好结合学生特点多加入动漫元素。我们在教学中可以运用这种方法播放美国的视频，简单介绍美国的地理、历史、风土人情、社会生活等方面的内容，让学生在有趣的视频中获得美的感受，同时也有利于更好地学习英语。

（三）反馈法教学

反馈法也称座谈法，和以往教师只负责课堂上不同，反馈法要求教师更关注课下和学生的交流，这是一种教学方法上的突破和创新。教师在课余时间组织学生开座谈会，倾听学生的意见，学生根据自己的体会畅所欲言，指出教师教学上的成功和不足，并对今后如何学习英语和教师沟通，达到双方满意的结果。还可以采用调查问卷的方法听取学生的意见。具体操作是由教师设计调查问卷的格式和内容，然后组织学生根据实际情况填写，再由教师收回、整理并分析，最后得出结论。分析的方法可以是参数法或者模型法，还可以通过比较法来分析学生的建议和不足，便于教师在教学上引起足够的注意。

方法只是英语学习的工具和载体，无论采用哪种教学方法，只要教师和学生相互配合、相互沟通，基本都能取得不错的教学效果。

最新版《英语课程标准》明确提出，使学生养成良好的学习习惯和形成有效的学习策略，让他们在学习和运用英语的过程中学会如何学习，发展自主学习的能力。现如今，当代世界教育发展的三大必然趋势是自主学习、合作学习、探究学习。

自主学习是指学生在明确学习任务的基础上，自觉、自主地进行学习，并努力自己完成学习任务的一种学习方式。它是一种独立性学习。独立性是自主学习的核心品质，是从“我要学”向“我能学”的强化。它强调自主性：自己学习——不依赖老师和别人；自觉学习——不需别人强迫或督促；主动学习——根据自己内在的需求进行学习。因此，自主性属于意识、精神的范畴，是非智力因素。

四、现阶段学生自主探究能力现状分析

（1）中学生自主学习、自主探究的能力差强人意。他们依赖老师的讲授，老师讲多少他们就学多少，完全是被动地局限于老师的思维之内，因此缺乏自主发现问题、

解决问题的能力，个性的发展也无从谈起。

（2）教师的授课方式陈旧。受中考的“应试效应”的负面影响，大部分教师“重教轻学”。教师的天职似乎就是在有限的45分钟内尽快授完课，“一言堂”“满堂灌”的陈旧的教学方式不利于发展学生思维。

（3）英语成绩优秀的学生的口语能力显著高于成绩较差的学生。

（4）学校的教学条件受限。学生的自主学习能力缺乏的其中一个客观存在的原因就是有些学校的教学条件受限。要想培养学生自主学习、自主探究的能力，导学案非常重要。它是引导学生学会学习、学会探究的主线，并且学生可以在它的引导下逐渐养成好的学习习惯。但是现在有些学校的教学条件较差，不能做到导学案人手一份，从而使得教师的教学方式的转变受到阻碍。

五、如何在英语翻译课堂上落实自主、探究式学习

（一）教师角色的转变

新课标要求教师不再是单纯的“传道、授业、解惑”。教师不再是课堂的主宰，而应成为学生学习的组织者、引导者、参与者、合作者和促进者。教师的主要任务是加强学法指导，培养学生自主学习、自主探究的能力，让学生养成自主学习、自主探究的习惯。例如，在学习新课时，教师不再教学生新单词和呈现新的词组，而是让他们根据导学案的引导，自主阅读课文，自己猜测里面的意思，完成导学案上的问题。

（二）学生角色的转变

学生应变“学习的被动者”为“学习的主动者”，变“教师要我学”为“我要学”，变“我怕学”为“我能学”。学生的主要学习任务不再是机械地接受，而是应该学会学习、学会反思自我，真正成为学习的主体。在课堂上，不再是老师提问题，学生回答，而是学生自己组织问题，相互回答。

（三）课堂作用的转变

原来的课堂是老师讲，学生听、记、回答等必须认真学习的比较严肃的“圣地”，并且老师的主宰地位不能挑衅，这样就严重扼杀了学生的创新能力。我们的课堂应成为学生亲历、参与、实践的主阵地，而不是老师唱“主角戏”的舞台，老师应尽可能地彰显学生的个性。

（四）师生关系的转变

师生之间的关系应为平等、民主、和谐的关系，并且教师不应是课堂的“权威”

和“操纵者”，而是学生学习的指导者，适当的时候可以成为“参与者”，成为学生中的一员。老师可以参加学生的游戏，也可以就某一个问题和学生进行激烈的辩论。

（五）生生关系的转变

学生之间不应只是竞争对手，他们之间应成为关系融洽的合作者，并且相互学习，相互帮助，相互进步，这样才能形成一个幸福、和谐的集体。

（六）评价机制的转变

在评价机制中，教师应该转变原来以成绩定优劣的单一机制，采用让学生参与进来，形成教师点评、生生互评和学生自我评价的多元评价机制。例如，给学生订立新的班规：每个星期小组内组员就本周各科所学的内容进行相互测评，就各个组员本周的操行进行测评，每个月组和组之间进行总评，任课老师进行综合测评，三者的结果加起来进行奖惩。

（七）学习形式的转变

我们的英语教学不能只受限于课堂，要把它延伸到课外，可以开展形式多样的活动，为学生创造更多的学习英语的机会，挖掘学生的英语学习潜能及创新潜能。例如，让学生办英语板报；周末举办英语角，自由用英语交流；每月举行一次英语朗诵比赛或演讲比赛。“授人以鱼，只供一饭之需；授人以渔，终身受用不尽。”学生只有掌握开启学习和创造之门的钥匙，才能获得可持续发展的潜力，才能真正自由地进入学习和创造的殿堂。因此，培养学生的自主学习、自主探究的能力应是当前教育工作的重点。

第二节　英语翻译教学中导入跨文化因素

一、跨文化教育在英语翻译教学中的需求

在目前全球化和多元化的时代特征背景下，客观上要求现代的英语教学应加快从早期的纯语言技能教育向思想和文化教育的转变。可以通过深入学习、了解与自己生活习惯、思维定势全然不同的他种文化，扩大自己的视野，在与他种文化的比较中深入地认识自己，提升自己。因此，大学英语教学在尊重不同文化的前提下，很有必要为促进不同文化间的相互了解、相互借鉴，有目的、有计划地实施跨文化教育。教学中培养学生的跨文化意识是英语教学的一项艰巨任务，也是时代的需要。教师在英语

教学中不能只单纯注意语言教学，而应根据学生的年龄特点和认知能力，注重英语国家文化背景知识的渗透，逐步扩展跨文化知识的内容和范围，加强语言的文化导入，重视语言文化差异对语言的影响。只有这样，才能引导学生在实际中正确运用语言。因此，教师要不断提高自身的业务水平，扩大知识面，当好主导，把握新的机遇，迎接新的挑战，为培养适应21世纪的人才而努力。跨文化教育的必要性体现在以下几个方面。

（一）大学生语言学习能力的需要

脱离文化背景去理解一种语言既是不现实的，也是不可能的。当今社会是一个文化多元的社会，各种不同文化、不同社会背景的人的交往首先是通过语言交流实现的。不理解交际双方在语言知识、文化背景知识方面存在的差异，在跨文化交际过程中由文化差异导致的误解就在所难免。因此，学习语言必须学习相应的文化。学习外语也得了解相应的文化传统和文化本身。因此，作为高校英语教育工作者，必须正确理解和处理语言与文化的丰富内涵。并且在英语教学中不能只单纯注重语言教学，而必须加强语言的文化导入，要引进跨文化交际学的理论和方法，帮助学生理解目标语文化以及相关的交际期待，不仅要让学生掌握正确的语言形式，还应该重视语言运用是否恰当得体。

语言能够推动社会的进步与发展。语言是人类在长期的劳动生活和文化创造活动中产生的，在其产生、发展和变化的过程中，它必然会受到本民族文化的制约和影响。从小耳濡目染本国文化的中国学生在学英语时，思维上的定势往往不自觉地以本民族的文化来看待目的语文化，这种文化上的干扰势必导致学生对所学内容的不理解。在外语教学中，不能仅从本国文化的心理去考察语言差异，而应兼顾不同文化背景的人们所共享的信仰、价值观念、时间观念、行为准则、交往规范以及认知模式等方面的差异以及日标语语言系统和交际原则；并且在传授必要的语言文化知识的基础上，进行文化差异方面的比较，注意词语的文化内涵、句法功能和搭配关系的异同。这是了解中西方思维差异在文化及语言中表现的有效途径。重视语言的文化差异，进而自觉培养一种文化洞察力，不仅是实施交际教学原则的要求，同时也是进行跨文化教育和国际交流的迫切需要。

（二）大学生社会性发展的需要

受到经济发展、网络技术和全球化的影响，我国青年的社交对象更为多元，社交方式更为多样。通过跨文化教育培养学生的跨文化交际能力，提高他们的合作意识和能力，有利于他们认识到不同群体、不同文化背景的人都为世界的发展、社会的进步做出了自己的贡献，并认识到世界的发展、社会的进步最终还是要靠全世界人们的通力合作才能实现。因此，跨文化教育与当前青年学生实现社会化的目标比较吻合。

（三）文化交流和发展本土文化的需要

发达国家的文化和三观的内容大量涌入，滋长了许多发展中国家的青少年对本民族文化的怀疑与自卑情结，造成本土文化的身份与认同危机。面对网络时代的文化渗透，要保持文化的封闭状态是不可能的。因此，英语教师要帮助学生通过了解西方文化来建构“民族意识”，形成“民族自豪感”，要通过跨文化教育帮助学生认识到文化没有优劣之分，不同民族的文化具有平等的对话、交流的资格和权力。我们必须探讨如何面对外来文化，才能在跨文化交际中寻找各自的优势，自觉地进行文化沟通，培养跨文化人才，适应现代社会的发展。

（四）教育国际化发展趋势的需要

跨文化教育在高等教育发展中是一种新趋向。它有助于我们学习国外的教育理念和模式，理性地看待中国高等文化和教育，既考虑具有全球性的普遍问题，又考虑我国本土性的问题，以此将本土经验与国际经验相交融，从而形成和发展中国的教育，促进我国高等教育的深入发展。

（五）加强国际交流的需要

美国教育家温斯顿·布伦姆伯格曾经说过：“采取只知语言而不懂文化的教法，是培养语言流利的大傻瓜的最好办法。”因为在国际交流的过程中，只是学会英文的语法、单词只能培养出能考试、考高分的应试产物，在实际交流中是有很大的语言障碍的。现在的中国需要的是面向世界的、对异国文化有相当了解和认知的人才，这就要求必须把跨文化英语教学摆在一个相当重要的位置，并引起高度的重视，让我国的学生在交流时具备多元化的包容性。以前对于英语的普遍认知都是要学单词、语法、词汇，认为这样就足够了。实际上这种想法是十分片面的，并且是十分不可取的。当然，对于基本词汇、语法的学习必须要扎实地掌握，因为这些是基础，是非常有必要的，但是学习英语毕竟不是为了学习语法、词汇，而是为了交流，与世界接轨。从某种意义上说，英语学习的好坏不光是指词汇量，更是指与别人交流的程度，交际能力也是衡量英语能力的一种尺度。

（六）综合能力发展的需要

在英语素质的范畴里，包括语言知识、说读写的能力以及交流的能力，而交际能力必须处理好文化与语言表达的合理关系，只有对文化差异有足够的理解，才能真正意义上提高学生的语言素质。英语教学不止要教语言，更重要的是思维、品格、文化和意识的教育，这是全面发展所必须拥有的成长过程。这一过程最具体的措施就是实现英语教学的跨文化教育，将这一理念融合在英语教学的各个环节，在学习英语的时候加深对文化差异的理解，同时在学习不同文化时融合英语的教育，彼此互补教学，让学生充分了解语言与文化的关系以及文化差异对于不同区域、不同国界之间交流的影响，使其在跨文化交流时更加流畅，有效提高其综合素质。

（七）中学英语新课程标准的要求

随着世界交流的增加，跨文化交流的问题也越来越突出，在改编后的新课标英语教材中，已经加入了许多跨文化教学的元素。其中较为明显的就是对于其他国家的优秀传统文化以及一些特殊的文化习惯的介绍，并要求对此有一些自己的认识和态度，这是增强学生跨文化意识非常有必要也是卓有成效的方法。新课标中的跨文化教学不止能看到异国文化，还能用正确的方式和国际交流，同时也有益于了解、包容、学习异国文化。跨文化英语教学是现如今英语教学的主流，很多中学都有自己的教育方法，由于以前传统的英语教学思维模式的影响，跨文化英语教学的质量还有待提高。

二、如何在英语翻译教学中进行跨文化教育

在实施文化教学的过程中，教师的作用是至关重要的。如果要想让文化教学取得效果和进展，教师应从以下几方面开展工作。

（一）充分挖掘现有课程的文化因素

在现有的英语课程设置中，贯彻实施文化教学最可行的一条途径就是充分利用、挖掘各个课程中的文化因素，把文化教学真正落到实处。以精读课、听力为例。精读课以培养学生的综合语言能力为目标，进而从选取的材料中获得丰富的文化信息，如教育方式、家庭关系、价值观念、文化、传统等。听力课程也蕴含着丰富的文化内容，许多功能对话包含了日常生活中的许多方面，如问候、看病、度假、聚会、打电话等，这些对话本身就为进行得体的交际提供了很好的典范，而且通过一些真实的社交语境，学生可以很容易掌握一些词的文化内涵和寓意。

（二）利用原汁原味的语言材料，获取更多的文化信息

鼓励引导学生多接触英美原版的东西，如报刊、电影等，从中领略英美国家的风土人情、语言行为，体会英美文化与汉语言文化的差异。可以推荐给学生的报纸有《二十一世纪中学生英文报》《中学生英语辅导报》等，这些报纸都紧跟时代步伐，内容新颖，涉及面广，最主要的是内容难度适宜，深受学生，特别是学有余力的学生的喜爱。原版的一些经典影片由于其经久不衰的口碑而受到大家的欢迎，其中的一

些经典台词也成为大家耳熟能详的句子。例如,《KungFu Panda(功夫熊猫)》中:The secret ingredient of my secret ingredient soup is...nothing. To make some thing special, you just have to believe it's special.(我私家汤的绝密食材,就是什么都没有。认为它特别,它就特别了。)

(三)把握机会进行跨文化体验

让参加者进行跨文化体验,或通过模拟体验使当事人理解跨文化的特征;另外与当地文化的出身者或者具有这方面丰富经验的人一起行动,使其能够在直接的相互作用中克服不安与不快感。例如,角色表演、鼓励与英美人士交往、开展与文化知识有关的讲座等。

在我国学生的求学生涯中,英语学习成为其学业的重要内容。我们不能任学生在无效学习中肆意挥霍着美好时光,也不允许高投入后学生没有高产出。从跨文化的角度对英语教学现状进行梳理,通过对英语教学困境的深层次剖析,教材内容以跨文化交际相关理论为指导,以现行英语教材为基础,对跨文化交际内涵与发展,英语跨文化交际目标、英语跨文化交际知识、英语跨文化交际教学以及英语跨文化交际学习等进行了系统全面的论述;提出在英语教材的内容选择上、教学目标上、教师队伍的培训上、教学过程的改进上要体现对文化的重视,使学生能够用其独特的"边缘"视角审视母语文化和目的语文化,为英语教学的研究提供了新的角度;帮助学生通过熟悉的文化现象了解其他国家的文化习俗,培养学生的跨文化意识,提高学生的跨文化交际能力,从而实现提高学生整体英语水平的目的。

总之,学生英语能力的培养和水平的提高不是一件轻松的事,它需要教师和学生双方不断的努力。根据不同的学情、不同的教学内容、不同的文化视角来选择或组合最佳的教学方法,一方面可以极大地促进有限课堂的有效性,使教师的主导地位得以充分发挥;另一方面使学生熟悉了相关的文化知识,学习的积极性、主动性得到了极大地调动,提高了学生的学习兴趣。

三、跨文化教育与多元文化教育

联合国教科文组织发布的国际教育大会建议书《教育对文化发展的贡献》中正式提出了跨文化教育:跨文化教育(包括多元文化教育)是面向全体学生和公民而设计的、促进对文化多样性的相互尊重与理解和丰富多彩的教育。因此进行这种教育的真正方式不应只是局限于提供一些补充性内容,或局限于辅助性教学活动或某些学科,而应推进到所有的学科教学或整个学校的结构。通过这种教育要求教育工作者和所有有关的合作伙伴，包括家庭、文化机构与传媒，共同负责。基于普遍的理解，跨文化教育（包括多元文化教育）包括为全体学习者所设计的计划、课程或活动，而这些计划、课程或活动在教育环境中能促进尊重文化的多样性，增强对于可以确认的不同团体的文化理解。此外，这种教育还能促进学生的文化融入和学业成功，增进国际理解，并促进与各种歧视现象做斗争成为可能。其目的应是从理解本民族文化发展到鉴赏相邻民族的文化，并最终发展到鉴赏世界性文化。

我国出版的《教育大辞典》中也编写了“跨文化教育”这个词条，该辞典对跨文化教育的定义是：①在多种文化并存的环境中同时进行多种文化的教育，或以一种文化为主兼顾其他文化的教育。②在某个文化环境中成长的学生，到另一个语言、风俗、习惯和价值观、信仰都不相同的文化环境中去接受教育。③专门设置跨文化的环境，让学生接受非本民族语言、风俗、习惯和价值观的教育。

由上述定义可以看出，跨文化教育主要是指不同国家文化之间的教育活动，但也包括同一国家之内不同民族文化之间的教育活动（即多元文化教育或跨民族教育），并延伸至同一国家之内不同社会群体之间的教育活动。也就是说，跨文化教育可以是不同种族、不同国家、不同民族、不同宗教、不同地域等社会群体之间的教育活动。

多元文化论反对同化主义和融合主义，提出重新认识少数民族及其文化、尊重各民族的独立性特征和民族感情，实现社会的多样一体化，这也成为多元文化主义和多元文化教育的基本理念。多元文化教育是指在多民族国家当中，为保障持有多样民族文化背景者，特别是少数民族和移民的子女都能享有平等的教育机会并使他们独有的民族文化及其特点受到应有的尊重而实施的教育。其代表人物为美国的班克斯（James Banks)，他认为多元文化教育的根本目标是：“属于不同文化、人种、宗教、社会阶层的集团，学会保持和平与协调互相之间的关系从而达到共生。”

20 世纪以来欧美等国家的一批学者对跨文化教育进行了大量而细致的调查研究，尽管各自的立足点及内容和方法不尽相同，而且得出的结论也有相悖之处，但是这些结合了它们产生的历史背景和条件，不能只是简单地评论孰好孰坏，因为它们都在一定程度上揭示了事物发展的客观规律。因此，只有借鉴这些经验和教训，结合我国民族教育的实际情况，才能对跨文化教育研究提出建议和对策。

“多元文化”这一术语在西方 20 世纪 20 年代就已经出现，但是在 20 世纪 50 年代以后才引起人们的关注。刚开始“多元文化”仅关注宏观层面，即种族、民族差异，后来逐渐进展到涵盖微观层面，即价值规范等的差异，开始越来越多地与“文化”自身的含义相对应。也就是说，多元文化指的是人类群体之间价值规范、思想观念乃至行为方式上的差异。因此随着对多元文化的重视，文化多元论作为一种文化理论萌生，大体可分为古典的文化多元论和现代的文化多元论。前者要求对不同文化基本持不干预的态度，要容忍、尊重不同的文化，并且要尽力维护这些文化；后者在承认文化间相互独立的同时，要求基于共同的利益而相互协作，以便达成单一群体无法达到的目的，在这一过程中，群体间会增进相互的依赖性。这便是多元文化的由来。

在现代社会中，多元文化的出现对教育产生了冲击。首先，促使教育日益多元化，比如文化模式的多样使得教育模式越来越呈多样化、个性化的特点。其次，引发了教育中的文化冲突。再次，弱化了教育的文化整合功能。在当今社会，多元文化的共存以及文化的自主、自律倾向日益明显，而且随着各文化群体成员的主体意识的提升，要求尊重和学习不同文化，这在很大程度上弱化了教育的文化整合功能。最后，多元文化推进了教育变革。

在这样的社会背景下，多元文化教育逐步发展起来，它的定义即：多元文化教育是以教育中存在的文化多样性为出发点，使具有不同文化特征的学生都享有同等机会的教育。这种教育是在尊重不同文化且依据不同的文化背景、文化特征的条件下实施的，目的在于帮助学生形成对待自身文化与其他文化的得当方式及参与多元文化的能力。

当今社会下，一方面文化无所不在地渗透到教育过程中，另一方面教育又无时无刻地在程度不同地反映着这些多元文化，因此考察教育中的多元文化类型就成了有效实施教育的前提和必要条件。在划分多元文化类型的时候，我们可以以由近及远为标准。奥尔波特按由远及近、由外到内的标准把教育中的多元文化划分为：人类文化、种族文化、民族文化、国家文化、城镇文化、邻里文化、家庭文化。也可以以共享范围为标准划分文化类型，戈尔尼克等人首先把教育中的文化类型划分为宏观文化与微观文化，然后在此基础上具体说明了微观文化所包含的类别。还可以以文化的普遍性与差异性为标准划分文化类型，包括普遍文化、选择文化、特殊文化三种类型。

第三节　跨文化背景下英语专业翻译教学的发展策略

面对多元文化的冲击以及教育自身所反映出的复杂多样的文化类型，教育在多元文化中承担着一定的角色。同化论认为社会中的各小族群的文化无助于丰富现有的文化，应把它们视为外来者，使具有少数族群背景的人们融入主流文化，诱使他们放弃自己本民族的风俗习惯，接受主流文化的语言和行为。这种理论认为，教育是将多元文化群体塑造于主流文化之中的必要手段，在教育上要做出制度上的限制，迫使各不同群体的人们在行为上统一到主流文化中来。通过融合论把社会看成多个群体的综合，社会中现有的占主导地位的文化群体会接受外来多种文化的人们，然后把他们纳入一个共同的或融合的文化之中，而外来文化的人们则相应的需放弃其原有文化中的一些成分，以使自己更像一个主流文化中人。按照融合论的观点，教育应对所有的群体予以关注，它要将众多不同的文化汇总在一起，形成一种新的文化类型。多元论认为应把族群文化视为特殊的、单独的成分，对这些文化要加以保存，而不是加以压迫、消灭和混合。如此看来，在多元文化已成为当今时代的一个显著特征且对教育构成一定冲击的情况下，在教育中多元文化格局已经形成的情况下，对教育所扮演的角色持一种“保守的多元论”的观点是必要的。

一、以教师为中心转变为以学生为中心

新课程内容强调以人为本的教育思想，强调学生的情感态度及健康的人生观等。因此教师不再是课堂的中心，教师要认识到自己角色的转换，单纯的以教师为中心的满堂灌的做法已经不适应时代的要求。无论是备课、授课还是课外，教师首先应该考虑学生的智力水平、心理发展水平、语言水平、兴趣以及情感需求。并且教师不应只考虑某节课或某个阶段自己要完成的教学内容及教学计划，而应考虑如何激发学生的学习兴趣和热情，如何培养学生自主学习的能力和学习策略，从而为学生终身学习打下良好的基础。此外，教师还要处处以学生为中心考虑问题，在设计教学内容和活动时要考虑学生是否愿意做，是否能做以及如何做的问题。这显然对教师提出了相当高的要求，只有教师的观念改变了，才能够真正做到以人为本。

二、以知识的掌握为中心转变为以能力的培养为中心

新课程一改过去把掌握基本知识、培养基本的听、说、读、写技能放在首位的做法，而是把能力的培养放在了首位。这就表明新课程提倡以培养学生的能力为中心。这种能力包括两方面的含义，一是综合运用语言知识的能力，二是运用相应的学习策略进行自主学习的能力。因此从综合运用语言知识的能力方面来说，教师要避免培养出书面成绩很好却张不开嘴的高分低能的学生，所以教师不能总是把分数当成唯一的衡量标准，不能只顾“填鸭式”地将知识技能教给学生，而是要时不时地用试题去测试他们是否掌握。教师应该将自己的注意力转向培养学生综合运用语言的能力上来，通过语言知识的学习，提高学生对语言功能和结构的理解和对语言差异的敏感性，以更好地理解语言的意义和功能，为学生有效地开展交际服务。从学习能力的培养上来说，

教师应该意识到“授之以鱼，不如授之以渔”的道理及其重要性。只要学生的学习能力、研究能力提高了，知识技能的掌握就不再是一个很大的问题。这样学生就有能力自己获取知识，培养技能。相反，教师将知识技能教给学生而不注意培养他们自主学习的能力，那么他们一旦不再接受训练，他们已有的知识技能将很可能会发生退化。

三、教师传授知识的模式向学生探究知识的模式转变

新课程强调兴趣、自信心、合作精神、创新精神等。所有这一切绝不是教师“一言堂”所能实现的。教师如果以讲解为主，就会使学生逐渐对英语失去兴趣，对英语学习失去兴趣的学生是不可能学好的，因此教师要转变教学观念，从灌输的方式转变为让学生体验、探究从而发现、了解英语语言规律的方式。这样学生在体验和发现的过程中本身就需要主动地、创造性地运用语言去交流、探究及解决问题。学生在探究知识的过程中体验到了成就感，自信心和与人合作交流的动力就会大增，探究到的知识也将牢牢地纳入学生的知识结构中，所以这种学习方式无疑是学生喜欢的方式，值得大力推荐。

四、促使教师掌握新的教育教学方法

新课程倡导新教学方法及学习方式，如任务型语言教学、合作学习、体验学习、全语言教学。这一做法是前所未有的，以往的英语教学大纲大多认为在国家级的纲领性文件中倡导某些教学方法及学习方式是不合适的，然而此次新课程却大胆地提出了教学建议，在教师培训中帮助教师了解、理解、掌握新的方法和理念是充分必要的。有些教师可能会感到无所适从，面对这些新事物不知该如何取舍，也不知该如何理解和处理它们与旧的方法之间的关系。这几种教学方法和学习方式其实并不矛盾，它们有如下几个共同点。

①鼓励学生用语言去做事情，即在做中学。语言只有在用中才能得到巩固习得。

②主张真实的语言输入。教师应当给学生最真实的语言输入，创设真实的语言情境。

③提倡合作学习。教师应鼓励学生相互之间进行积极、主动的交流，共同完成某种学习任务等。语言是有社会性的，它是人们交流沟通的工具。因此，学生一定要在合作中用语言传达信息，共同完成学习。

④提倡学生通过自己的体验发现语言的规律。这就要求教师改变过去授课的方式，给学生创造机会，并且让他们创造性地使用语言、体验语言。

以上几种新的教学方法体现了新课程的思想，即对于教师提出要求，在了解、学习、尝试、掌握新的教学方法后，能够更好地理解、领会新课程的新思想，从而从根本上转变教学观念，把我国的英语教学水平提高到一个新的层次。

五、教师在使用新方法时应注意的几个问题

（一）不能把它们理解为单纯的方法或是技巧

这些新方法其实都是一种教学理念、教学思想。它们只有原则可以遵循却没有一个固定的模式，在介绍它们时所举的例子都只是它们的一种写照，决不能照搬。任何期望将其直接复制到自己的教学中的想法都是不对的。并且教师需要通过专家讲座、专著研读、示范课观摩、评析等活动自己去体会并领会其最核心的思想和原则，从而在自己的教学实践中进行尝试。

（二）实际教学中要始终以学生为中心

教师在教学中要以学生为中心，充分发挥学生的主观能动性。例如，新方法强调合作学习，教师要设计一些活动使学生有机会进行合作，在这些活动中，两人活动或小组活动不应该只是摆设，而应是促成学生真正意义上的合作学习的一种有效途径。

（三）使用新方法不等于摒弃所有旧的东西

教师在实践过程中会有一些好的经验和做法，只要符合新课程的总体思想，就应该继续使用，不必完全抛弃。当然，那些与新课程背道而驰的做法是应当立即抛开的。教师还应避免穿新鞋走老路的做法，这样做虽然可以使自己省一时之力，但却害了学生，而且也会影响自己的发展。

六、丰富教师相关学科理论基础知识

英语教学绝不仅仅涉及语言学习理论，它还涉及其他几门相关学科，如心理学、教育学、心理语言学、社会语言学等。教师了解一些心理学的知识有助于提高他们分析、了解当代中学生心理特点的能力，并能根据学生不同的学习风格、不同的心理特点和心理需求设计出不同的课堂教学方式，从而使语言教学与心理发展达到最佳契合状态。教育学的学习则可以帮助教师掌握一些教育原则和教育方法，使英语教育具有自身的特色，又不失教育的总体原则。

作为一名英语教师，仅有专业知识是不够的，毕竟英语是一门语言，语言是文化的载体，它是用来传递信息的，因此英语教师需要有较宽泛的跨学科知识。学科交叉是现代教育所倡导的，而英语学科是最容易做到学科交叉的，这就要求英语教师必须

具备用英语讲授其他学科的一些基本知识的能力。因此在培训中，教师可能需要相关知识的培训。

七、提高教师处理教材的能力

英语的内容丰富多样，各种教材的编写方式也不尽相同，教师在拿到一本教材后需要根据情况进行处理、取舍，因此教师还要具备处理教材的能力。下面我们以《新目标英语》为例来说明教师该如何处理教材。

教师可以按照该教材编排的顺序进行教学。但是，由于教材编写者并不能到每个真实的课堂中去进行实际教学，因此教材中的每个部分的安排未见得适合每个教师的实际情况，所以教师应该按照自己学校、班级的具体情况对教材上的内容进行重新组合，安排自己的教学。除此之外，教师还可以根据全语言的原则，将最后的招聘广告提前，即先给学生提供一个范例，或者说创设一种较为真实的情境，让学生体会到学习本课与现实社会的联系，这样会帮助他们产生学习的动机。如果能够让他们写出广告并进行简单的招聘大面试演练，学习会更为生动、有趣。灵活使用教材不是一件简单的事，它需要教师多研究各种教材，体会教材编写的思想与原则，成为教材的主人，而不是被教材牵着鼻子走。这样的课堂才是丰富多彩、因材施教的课堂。

八、提高教师的教学技能技巧

英语教学中教师需要具备某些教学技能，如板书、英文歌曲的教学，英语游戏及其组织、简笔画及其在教学中的应用、常用教具的制作、电教仪器的使用、计算机及多媒体辅助英语教学等。教师要了解、掌握这些方面的知识并不代表教师应该成为全才，但是每种技能出于它对英语教学的作用，教师应当适当掌握，这样对于促进教学有极大的作用。例如，教育技术已经是当代英语教育中不可缺少的一部分，许多中学有条件也有能力建设机房、多媒体教室、网络教学等，但是与这些硬件相配套的软件建设则还不能完全跟上，因此教师如何更好地利用计算机制作课件进行英语教学应该是教师培训中非常重要的内容之一。

教师还要掌握一些课堂教学的微技能，如提问的技能、纠错的技能、导入的技能、呈现的技能等。如果这些微技能配合好的教学方式就能够实现课堂教学的成功。教学技能是渗透在教学的方方面面的，这里提到的只是其中的一部分，教学技能也并非一朝一夕所能培养起来的，因此在教师培训中，这些内容应当被包括在内。教师只有了解教学技能的重要性、意义及其内容，才能在日常教学工作中有意识地培养自己的教学技能。

九、导入渗透英语的文化内涵

（一）充分挖掘教材内容，寻找有关文化意识的信息

在现行教材的内容中，对话、短文及练习都注意文化背景知识及社会习俗的渗透。在英美国家有委婉语和禁忌语的文化特色。在中国，人们询问体重、年龄、收入、婚姻等很正常；但在英美国家，这些都是不礼貌的询问，都要尽力回避。特别是女士，对体重、年龄、财产非常敏感，所以应避免“How old are you，madam”“You are getting fat”这类的话，以免造成尴尬的场面。在现实生活中，英国人最忌讳的禁忌语主要有三个方面：①生殖方面的词汇。②种族方面的言辞。③宗教方面的禁忌语。这些在我们教材中是不涉及的。教育工作者要注意引导学生学会尊重外国文化。课本中多以谈论天气作为开场白的交际，教师可抓住这一点贯穿该语言的文化背景。学生们领悟到这样的谈话方式与英国的气候特点有关；后来演变为初次见面或在彼此不是很了解的情况下，谈论天气是最稳妥的办法。A：What a beautiful day，isn’t it？B：Yes，it is，I’m happy. 双方以此引入新的话题。在他们看来，最方便也最安全的办法是谈论天气。因为人人都可以发表意见，且不涉及个人私事（英美人视打听私事为大忌），也不至于失礼或造成误解。这种从课本知识中剖析的文化材料让学生学起来饶有趣味，且印象深刻，避免了单一的文化传授的枯燥、乏味。

（二）注意介绍词汇的文化含义

在长期的使用中，词汇被赋予了更丰富的文化意义。重视剖析词汇的文化背景不失为一个好方法。如“news”一词，可引导学生观察 north、east、west、south 的首字母，学生顿悟：原来四面八方的消息，组成了“新闻”。再如了解 potato 一词的文化内涵就不难理解 a Potato-head（笨蛋）。英语词汇的文化内涵极其丰富。有句谚语：Love me，love my dog.（爱屋及乌）。为什么用 dog 呢？学生们了解到西方人眼中的 dog 是人类的朋友，对人忠诚，尽责。又如“She looks blue.”（她看上去很忧伤）。若不知道 blue 一词可作“忧伤”解就无法理解。从“I am a green hand（我是个生手）”中挖掘出“green”（生疏的）。再如英美姓氏的由来有很多途径。有的以职业名称为姓，如 Carpenter（卡彭特）、Tailor（泰勒）、Smith（史密斯）、Baker（贝克）等姓氏分别源于木匠、裁缝、铁匠、面包师傅等；有的以居住地的城镇或村庄的名称为姓，如 York（约克）、Kent（肯特）等；有的以一个人的特征为姓，如 Small（斯莫尔）、Long（朗）分别表示“小个子”“大个子”等个性特征；有的以颜色为姓，如 Black（布莱克）、

Brown(布朗)、White(怀特) 等。不论英语还是汉语，许多词汇都含有丰富的文化背景，只有深入理解附加在这些词汇上的文化内涵，才可以准确地区别并使用它们。

十、通过对英汉两种文化进行比较加强跨文化教学

课程标准明确规定:“为了突出教学重点和难点，教师可以采用英语和母语双比的方法。”中西两种文化的差异是教学中突出的难点之一。初学英语的学生喜欢把英语和母语等同起来，这种学习方法往往成为日后运用英语的障碍。如果在教学中把中西文化比较起来就会取得事半功倍的效果。比较二者的差别不仅有利于学生增强对跨文化的敏感性，而且对他们更好地认识中国文化大有益处。例如，“早上好，老师”就不能说成“Good morning，teacher”，因为英语中 teacher 是职业不是称呼，所以应称呼 Sir、Mr、Mrs、Miss 等。再如，英语中地点和日期表达的循序是从小到大，而汉语恰恰相反。“2008 年 5 月 29 日星期四”的英语表达是“Thursday 29th May, 2008”。这就说明了中西文化的差异，教师利用英汉对比法教学这部分，学生就容易理解。因此，对于许多涉及文化差异的日常交际用语和习惯表达方式，将他们的文化背景与我们的文化做一比较，这样才能让学生领悟纯粹的英语。

十一、创设文化氛围，在潜移默化中培养学生的文化意识

课堂教学是文化渗透的绝好契机。让学生在设置好的文化氛围中进行角色扮演活动，亲身体会异域文化，达到恰当使用语言的目的。鼓励学生进行大量的课外阅读和实践，增加文化积累，获取有关知识的文化背景、社会习俗、社会关系等。例如，可让学生在课外阅读一些英美文学作品和英语报纸杂志、收看英语节目、听英语广播、听英语歌曲、看英语电影等。学校也可以计划举行一些英语活动，如英美文化阅读比赛、演讲比赛、英美文化风情知识讲座等来促进学生对这一部分的涉猎。这样更有利于培养他们的跨文化交际意识和交际能力。写作的过程也是语言与文化背景相结合的过程，写作时要力求把文化标志与语言知识联系起来，如介绍中外的名胜古迹、旅程安排、天气情况、风土人情、东西方礼仪文化等。还可以组织办英语墙报、扮演课本剧，给学生提供一些英语网址，让学生浏览异国风情，了解重要节假日的来历以及西方人是如何度过这些节日的。

在英语教学过程中，要加强跨文化知识的教学。我们首先要有丰富的文化知识，跟上时代的步伐，不断地更新我们的知识。在教学中要把语言学习同文化学习结合起来进行，正如格拉斯所说:“语言和文化紧密地交织在一起，语言既是整个文化的产

物或结果，又是沟通文化其他成分的媒介，因此语言为我们提供了交际的体系。更重要的是，语言制约着我们交际的类型和方式。”我们学习语言的最终目的是交际，但交际是在一定的文化背景下进行的。如何在进行传授语言的同时加以文化导入，还需要我们在教学中不断探索和创新，从而科学地实施跨文化教学。

经济全球化带来了文化的全球化，在这个过程中，西方文化必然冲击着本民族的文化。不同文化背景的人们在宗教、文学、历史等方面的差异，会根深蒂固地体现在言语行为上，从而造成跨文化交际的障碍。仅仅掌握一定的语法规则而忽视文化知识，是达不到语言交际目的的。因此，教师若能不失时机地进行知识文化的介绍，让学生在学习实践中跨越学习过程中的文化障碍，便能丰富学生的语言、培养学生的文化意识，使他们熟悉英语语言风格和表达特色，扫除因文化背景知识匮乏所带来的理解障碍，从而培养学生的交际能力，提高学生应对外来文化冲击的抵抗能力。

参考文献

[1] 代丽英 . 人工智能背景下英语翻译专业笔译教学策略探究 [J]. 河北软件职业技术学院学报，2022，24(2)：53-56.

[2] 王珍，何剑波 . 翻译工作坊教学模式在高校英语专业翻译教学中的应用 [J]. 林区教学，2022(2)：83-86.

[3] 崔馨文 . 翻译语料库在高校英语专业翻译课程教学中的应用策略研究 [J]. 大学，2022(2)：81-84.

[4] 魏维，高竹韵 . 基于交互式教学模式的高校英语专业学生翻译能力培养 [J]. 重庆电子工程职业学院学报，2021，30(6)：129-132.

[5] 赵海娟 . 应用技术型地方高校英语专业同伴互评教学模式探究——以翻译教学为例 [J]. 福建技术师范学院学报，2021，39(6)：654-660.

[6] 黄嘉钰 ."一带一路"背景下高校英语专业文学翻译课程教学的改革路径 [J]. 海外英语，2021(13)：28-29.

[7] 刘积慧 . 高校英语专业纯线上口译课程满意度分析 [J]. 中国多媒体与网络教学学报（上旬刊），2021(7)：48-50.

[8] 王红艾 . 高校英语专业翻译教学课程思政建设研究 [J]. 现代农村科技，2021(5)：95-96.

[9] 杨卉 . 过程教学法在农林高校英语专业翻译教学中的应用模式建构 [J]. 湖北经济学院学报（人文社会科学版），2021，18(5)：145-148.

[10] 刘子敏 . 高校英语专业翻译课程混合式教学模式研究 [J]. 吉林农业科技学院学报，2021，30(2)：102-105.

[11] 朱玉霞 ."一带一路"视域下甘肃高校英语翻译人才培养路径探析 [J]. 兰州石化职业技术学院学报，2021，21(1)：77-80.

[12] 宋利华 . 当代高校大学生英语翻译教育教学实践 [J]. 食品研究与开发，2021，42(4)：236-237.

[13] 张丽娟，方昉 . 高校英语教学中的翻译美育途径探幽 [J]. 浙江工业大学学报(社

会科学版)，2020，19(4)：470-474.

[14] 毕赟慧，石美 . 课程思政与高校英语专业课教学融合的路径探索——以红河学院英语专业文化与翻译课程为例 [J]. 教育教学论坛，2020(36)：88-89.

[15] 冯亚玲 . 认知语言视角下民办高校英语专业英译汉教学改革探索 [J]. 牡丹江教育学院学报，2020(7)：95-98.

[16] 朱琳，张力 . 高校英语专业口译教学研究 [J]. 科技风，2020(18)：100+106.

[17] 王岩 . 翻译工作坊在大学英语专业翻译教学中的应用 [D]. 呼和浩特：内蒙古师范大学，2013.

[18] 薄振杰 . 中国高校英语专业翻译教学研究 [D]. 济南：山东大学，2011.

[19] 孙利苹 . 非文学文体翻译及高校英语专业翻译教学的转向 [D]. 济南：山东师范大学，2011.